QUATRIÈME LISTE

DE

BLESSÉS FRANÇAIS

RECUEILLIS PAR LES TROUPES ALLEMANDES

PUBLIÉE PAR LE

COMITÉ INTERNATIONAL DE GENÈVE

Se vend au profit de l'œuvre des secours aux blessés

CHEZ GEORG, LIBRAIRE

BALE & GENÈVE

5 JANVIER 1871

QUATRIÈME LISTE

DE

BLESSÉS FRANÇAIS

RECUEILLIS PAR LES TROUPES ALLEMANDES

15 JANVIER 1871

Observations. — Les noms en italique indiquent le lieu de résidence des blessés, au sujet desquels on devra consulter aussi les notes géographiques placées à la fin de la présente liste.

Le signe † veut dire mort.

Aron, Sylvain, Loir-et-Cher, 7e ligne. typhus † le 26 Octobre, *Stettin*.

Arnold, Ad. Mulhouse, 21e ou 50e ligne. *Hopital de réserve, Schwetzingen.*

Ali ben Mohamed, Alger 1er turcos. *Hôpital de réserv , Schwetzingen.*

Ali-Brama, Alger, 2: turcos. *Hopital de réserve, Schwetzingen.*

Alnede ben Mohamed, Alger, 1er turcos. *Ho ital de réserve. Schwetzingen.*

Abd-el-Kader-Bladj, Alger, 2e turcos. *Hopital 'e réserve, Schwetzingen.*

Albert Michel, Alger, 100e ligne. *Ambulance, Ladonchamp.*

Alacaud Jean, Cheniers (Creuse), 17e chass. à p., caporal. *Hôpital de réserve, Carlsruhe.*

Ada-ben-Mohamed, 2e turcos. *Hopital de réserve. Carlsruhe.*

Allègre, Jos. Vals, 48e ligne. *Hopital de réserve, Carlsruhe.*

Angly, Martin, 18e ligne. *Hopital Sagan.*

Alfred, Gabriel, 44e ligne, 2e b., adjudant. *Hopital Caserne 6, Sarrelouis.*

Ambert, J.-Franç., 95e ligne. *Hôpital, Caserne 6, Sarrelouis.*

Adam Jules-Edouard 44e ligne. *Hôpital, Caserne 6, Sarrelouis.*

Armand, Marie, Tilly (Calvados), 15e ligne, blessé aux reins. † le 4 Septembre, *Ambul St-Hilaire.*

Anstedt Jos., 57e ligne coup de feu à la cuisse droite. † le 2 Octobre, *Doncourt.*

Abid ben Mohamed, Staouëli, 2e turcos coup de feu au pied gauche. *Hôp. de réserve 1, Leipzig.*

Ali ben Arbi, Beni Djer, 3e zouaves coup de feu à la main gauche. *Hopital de réserve 1, Leipzig.*

Aubertin François, Metz, 5e artill , 1e batt , enfant de troupe, 13 ans, dyssenterie Soigné chez le professeur Sonnenkalb, *Leipzig.*

Antonini, J.-B., Corse, 8e ligne, typhus. *Hopital de réserve 1, Leipzig.*

Arzel, Jean-Marie, Finistère, 59e ligne, laryngite. *Hopital de réserve 1, Leipzig.*

Arrivière, Camille, 99e ligne. † à *Pont-à-Mousson*, le 7 Octobre.

Artier, Aug., 34e ligne. *Hop'tal de réserve Dessau.*

Aubinas, Jean 25e ligne. *Hopital de réserve, Dessau.*

1

Audouy, Noël. Carcassonne, 48e ligne. *Hôpital 9, Rastadt.*

Adam, Ferd., Rheinau, douanier. † le 14 Octobre, *Hôpital militaire, Rastadt.*

André, Etienne, 9e cuirass. *Hopital militaire, Rastadt.*

Ali ben Mohamed Alger, 1er turcos. *Hopital militaire, Rastadt.*

Altenbach, Jacques Wangen, garde mobile. *Hôpital militaire, Rastadt.*

Aisy (d'), 91e ligne, capitaine, dyssenterie. *Hopital de réserve 2 Leipzig.*

Amiger Jean-Pierre, 10e cuirass., 5e esc. *Hopital de réserve 2, Leipzig.*

Aynay-Le-Duc, Nicolas, Côte d'Or, ? *Hôpital de réserve 2, Leipzig*

Anton, Georges Handsbach, garde mobile. *Hôpital des varioliques, Rastadt.*

Axtmann, Emile. Saverne, garde mobile. *Hôpital des varioliques, Rastadt.*

Albert, Jean-Rob., 81e ligne. *Hôpital Caserne 6, Sarrelouis.*

Abgrall, 12e ligne. *Hôpital de réserve. Halle.*

Aissier, B., 12e ligne. *Hopital de réserve, Halle.*

Aroge, Jos., 25e ligne. *Hopital de réserve Halle.*

Audin, Jean 34e ligne. *Hopital de réserve Halle.*

Aubrun. Bapt, 37e ligne. *Hopital de réserve Halle.*

Aufré, Henri-Ferd., 54e ligne. *Hôpital, Caserne 6, Sarrelouis.*

Alexandre L, 15e artill., brig. *Hôpital Caserne 6. Sarrelouis.*

Apparcelle, B., 98e ligne. *Hôpital Caserne 6 Sarrelouis.*

Aime Martel, 91e ligne. *Hôpital, Caserne 6. Sarrelouis.*

Amory, Henri, 75e ligne. *Hôpital Caserne 6, Sarrelouis.*

Allegra, Maurice, 28e ligne, caporal. *Hôpital Caserne 6 Sarrelouis.*

Antoine, François-Jean-Marie, 28e ligne, caporal. *Hôpital, Caserne 6, Sarrelouis.*

Audibert, Victorien, 99e ligne, tambour. *Hopital de réserve, Halle.*

Ambert, Jean-François, 95e ligne. *Hôpital, Caserne 6, Sarrelouis.*

Alfred. Gabriel, 44e ligne, adjudant. Evacué de Sarrelouis à *Trèves.*

Alain, François, 2e drag, 2e esc. † le ? Novembre, *Trèves.*

André, Léon 26e ligne, caporal. Evacué de Hanovre à *Minden.*

Adout, Charles, 36e ligne Evacué de Hanovre à *Minden.*

Alexis Pierre, 93e ligne. *6e ambulance du 7e corps, Villeneuve, St-Georges.*

Assoire Sylvain, Varennes, 47e ligne. *Dépôt des prisonniers, Leipzig.*

Arnot, Aug. Beaulieu, 77e ligne. *Hopital de réserve, Schwetzingen.*

Ahmet ben Mohamed, Alger, 1er turcos. *Hopital de réserve, Schwetzingen*

Avenal, Charles, 75e ligne. *K. Fr. Caserne. Berlin.*

Albin, Rob., Vitargne, 74e ligne. *Hopital de réserve, Schwetzingen.*

Asmann, 2e turcos. *Hopital de réserve, Schwetzingen.*

Ali ben Hamed, 1er turcos. *Hopital de réserve, Schwetzingen.*

Allery, Jean, 73e ligne. *K. Fr. Caserne. Berlin.*

Antoine, Baptiste, 65e ligne, 1er b., 2e c. *K. Fr. Caserne, Berlin.*

Arnault, Gustave, 28e ligne, 1er b., 5e c. *K. Fr Caserne. Berlin.*

Alexis, Louis, 70e ligne, 1er b., 1e c. *K. Fr. Caserne. Berlin.*

Ahner, Guillaume, 7e hussards, 2e esc, brig. *K. Fr. Caserne, Berlin*

Auloy, Eugène, Charolles, ?. *Hopital de réserve, Pasewalk.*

Aubry, Joseph, 69e ligne, 2e b., 5e c. *Hopital de réserve, Wrietzen-a./O.*

Andrieu. G.-Cyp., 4e artill., 11e batt, brig. *Hôpital de réserve, Wrietzen-a./O.*

Abd-el-Kader-Boasa, 2e turcos. Guéri. *Dépôt des prisonniers, Oldenbourg.*

Arié, B. 72e ligne. *Hôpital de réserve, Oldenbourg.*

Abd-el-Kader ben-Saa, ?. *Hopital de réserve, Pasewalk.*

Antoni, Jean-Pierre, Sarreguemines, ?, *Hopital de réserve, Pasewalk.*

Andrion, François-Adrien, Kintzheim, ?. *Hopital de réserve, Pasewalk.*

Arsonet, Joseph ?. *Hôpital de réserve, Pasewalk.*

Abdel-Kader-ben-Sabuer, 1er turcos, sous-lieutenant. † le 4 Novembre, *Greifswald.*

Alexandre, Louis, 47e ligne, anémie. † le 6 Novembre. *Cologne.*

Angelmann, Alex., Colmar, 21e ligne. *Hôpital de réserve. Schweidnitz.* Guéri.

Auray, Léon-André, 1er artill., 12e batt. *Hôpital, Caserne 6, Sarrelouis.*

Allegro, Maurice, 28e ligne. Evacué de Sarrelouis à *Trèves.*

Bidau, Jacques, 10e artill., typhus. † le 1er Octobre, *Mayence*.

Brugel, Jean. Tarn-et-Gar., 52e ligne, typhus. † le 31 Octobre. *Wesel*.

Bordessoule, Jean, Landes, 52e ligne, phthisie. † le 2 Novembre, *Posen*.

Boudenot, Armand, Bergues (Nord), ouvr. d'administration, caporal, dyssenterie. † le 2 Novembre, *Posen*.

Bouquet, Réné, Saône-et-Loire, 18e ligne, typhus. † le 3 Novembre, *Glogau*.

Brossard, Jean, Nièvre, 37e ligne, typhus. † le 6 Novembre, *Glogau*.

Beylot, Antoine, 2e génie, typhus. † le 1er Novembre, *Erfurt*.

Boué, Jean, 76e ligne, gastrite. † le 5 Novembre, *Mayence*.

Berdollet, Jean, 3e chass. à p., apoplexie. † le 6 Novembre, *Mayence*.

Bronnier, Jos., 16e chass. à p., typhus. † le 2 Novembre, *Erfurt*.

Bouhour, François, 2e génie, typhus. † le 3 Novembre, *Erfurt*.

Barbier, Eug.-Jean-Bapt. 1er zouaves, typhus. † le 26 Octobre, *Coblence*.

Breunas, Pierre, 4e ligne, typhus. † le 28 Octobre, *Coblence*.

Bearjour, Jean, 65e ligne, typhus. † le 30 Octobre, *Coblence*.

Baudat, Aug., 2e cuir., petite-vérole. † le 30 Octobre, *Coblence*.

Feauvier, ?, typhus. † le 25 Octobre, *Stettin*.

Boisseau, Charles, (Aude), 1er génie, sergent, typhus. † le 26 Octobre, *Stettin*.

Bauferton, Bapt., Maine-et-Loire 5e ligne anémie. † le 28 Octobre, *Stettin*.

Bigot, Joseph, Drôme 74e ligne typhus. † le 1er Novembre, *Stettin*.

Bouché, Et., 47e ligne. *Hôpital de réserve, Schwetzingen*.

Benoin, F., Marsas, 3e ligne. *Hôpital de réserve. Schwetzingen*.

Burtelja-ben-Kadour, Guelma, 3e turcos, sergent. *Hôpital de la gare, Carlsruhe*.

Dacon, Joseph, Besse (Isère), 17e chass. à p. *Hôpital de la gare, Carlsruhe*.

Bazilives. Ernée, Mayenne), 17e chass à p. *Hôpital de la gare, Carlsruhe*.

Baudout, François, 44e ligne. † le 17 Octobre, *Carlsruhe*.

Boevel, Jos., Pas-de-Calais, garde mobile. Evacué sur *Rastadt*.

Barth. Charles, Strasbourg, 2e zouaves. Evacué sur *Rastadt*.

Bremonchet Eugène, Indre-et-Loire, 21e ligne. Evacué sur *Rastadt*.

Blondel, Jean, 93e ligne, amputé à la cuisse droite. *Ambulance Doncourt*.

Bourneuf, Julien, Bernay (Sarthe) 100e ligne, coup de feu au bras gauche. *Ambulance, St-Hilaire*.

Bulloto, André, 81e ligne, *Hôpital 6 Sarrelouis*.

Berg, Jos., 4e artill, musicien. *Hôpital 6, Sarrelouis*.

Bourbraud, Louis, 44e ligne. *Hôpital 6, Sarrelouis*.

Brouchout, François, 44e ligne. *Hôpital 6, Sarrelouis*.

Pontier, Pierre, 80e ligne. *Hôpital 6, Sarrelouis*.

Boullinier, L., Sarthe, 94e ligne, coup de feu à la gorge. † le 27 Août, *Ste-Marie-aux-Chênes*.

Bouron, François, (Vendée), 72e ligne, mutilation de la jambe droite. † le 27 Août, *Ste-Marie-aux-Chênes*.

Barbe, Emile-Henri, Rouen, 10e ligne, coup de feu à la cuisse gauche. † le 30 Août, *Ste-Marie-aux Chênes*.

Benoitieu, Etienne, (Rhône), 75e ligne, fracture de la cuisse droite. † le 6 Septembre, *Ste-Marie-aux-Chênes*.

Biadin, François, Nantes, 94e ligne, coup de feu au genou. † le 6 Octobre, *Ste-Marie-aux-Chênes*.

Blanche, Alex.-Jean, La Ferté (Orne), 93e ligne, coup de feu à la main, infl. du cerveau. *St-Hilaire*, † le 18 Septembre.

Boulloux, Pierre, (Mayenne). 65e ligne, contusion à la tête. *St-Hilaire*, † le 29 Septembre.

Bastien, Louis, Clayeurs (Meurthe), 100e ligne lieutenant. *Hôpital de réserve, Marbourg*.

Bouchoux, Ach.-Alf., Paris, 40e ligne, coup de feu à la hanche. Evacué sur *Stettin*.

Bouteille, Henri dragons de la garde, lieutenant, blessé au front. *Doncourt*, † le 27 Septembre.

Bruton, Jean, 1er ligne, amputé à la cuisse gauche. *Doncourt*, † le 7 Septembre.

Boclin, 12e ligne coup de feu au ventre. *Doncourt*, † le 27 Août

Bardout, Jean, 73e ligne, coup de feu à la poitrine. *Doncourt*, † le 26 Août.

Barren, 20e chass. à pied, fracture de la cuisse gauche. *Doncourt*, † le 28 Août.

Bizet, 2e hussards, éclat de grenade à la cuisse droite. *Doncourt*, † le 24 Août.

Bony, B.-Jules, Avignon, artill. *Hopital de réserve 1, Leipzig.*

Bujaud, Gustave, Fontainebleau, 3e lanciers *Hopital de réserve 1, Leipzig.*

Bourbach, Pierre, Metz, 17e artill., typhus. *Hôpital de réserve 1, Leipzig.*

Boisset, Edouard, Paris, 34e ligne. *Hôpital de réserve 1, Leipzig.*

Bertin, Emile, Aisne, 1er chass. à p., 3e c., contusion à la main gauche. Déserté le 2 Novembre.

Baton Pascal, Chazelles, 91e ligne. *Hôpital de réserve 1, Leipzig.*

Baron, Pierre, Josselin, 91e ligne, coup de feu au bras gauche. *Hopital de réserve 1, Leipzig.*

Berger, Jean-Claude, Rhône, 61e ligne. *Hôpital de réserve 1, Leipzig.*

Bèle, Aug.-Romain, (Nord), 2e grenad de la garde. *Hôpital de réserve 1, Leipzig.*

Bouvier, Jean-Louis, Aunecy, 2e gren. de la garde, 3e b. *Hôpital de réserve 1, Leipzig.*

Beaufrère, Emile, Aisne, 2e gren. de la garde. *Hôpital de réserve 1, Leipzig.*

Bas, Jules, Aisne, 10e artill. *Hôpital de réserve 1, Leipzig.*

Bannerot, J.-B., St-Dié, 8e ligne. *Hôpital de réserve 1, Leipzig.*

Bonnet, V.-Elisée, La Malmaison, 8e ligne. *Hôpital de réserve 1, Leipzig.*

Bendler, Ed., Haut-Rhin, 8e ligne *Hôpital de réserve 1, Leipzig.*

Bont, F., Lille, 5e hussards, 5e esc. *Hôpital de réserve 1, Leipzig.*

Baron, Louis, Lille, 9e ligne. *Hôpital de réserve 1, Leipzig.*

Brès François-Claude, St-Benoît (Drôme), 1er gren. de la garde. *Hopital de reserve 1, Leipzig.*

Banse, Christophe, Bertrange (Moselle), artill. montée. *Hôpital de réserve 1, Leipzig.*

Budant, Jean, 61e ligne, coup de feu au visage. *Hôpital de Lunebourg.* Evacué sur *Hanovre.*

Brezun, Charles, 46e ligne, coup de feu à la cuisse gauche. *Hôpital de Lunebourg* Evacué sur *Hanovre.*

Biebs, Jean, 73e ligne. † le 7 Octobre, *Pont-à-Mousson.*

Beaudin, Joseph, Marseille, 27e ligne. coup de feu au pied gauche. † le 8 Septembre, *Pont-a-Mousson*

Bacardace, Pierre, 99e ligne. *Hopital de réserve, Dessau.*

Berthon, Gilbert, 58e ligne. *Hôpital de réserve, Dessau.*

Bourdet, Charles, 34e ligne. *Hôpital de réserve, Dessau.*

Bonnard, Jean-Marie, 82e ligne, musicien. *Hôpital de réserve, Dessau.*

Bernardin, Louis, 25e ligne. *Hôpital de réserve, Dessau.*

Boudevin, Henri, 94e ligne. *Hôpital de réserve, Dessau*

Brun, Michel, Haut-Rhin, 74e ligne, sergent, coup de feu à la poitrine *Hôpital général, Mannheim.*

Bouté, Eugène, Rouen, 78e ligne. *Hopital militaire 2, Mannheim.*

Bernard, Joseph, Vesoul, 4e ligne, capitaine *Hôpital Jacob, Leipzig.*

Bonvillet, Henri-Louis, Petit-Bersu. capitaine. *Hopital Jacob, Leipzig.*

Boyer, Jules, Millau, 10e cuir., capitaine. *Hôpital de réserve 2, Leipzig.*

Boutier, 7e cuirass., capitaine. *Hopital Jacoby, Leipzig*

Eeseida, A., Oran, 2e turcos, éclat de gren. au genou. *Dépôt de prisonniers, Leipzig*

Brisebois Antoine, Zinswiller garde mobile *Hopital des Varioliques, Rastadt.*

Bronstein, Aloys, Schelestadt, marine. *Hôpital des Varioliques, Rastadt*

Bopp, Jacob, Frankenheim, garde mobile. *Hôpital des Varioliques, Rastadt.*

Burger, Philippe, Blasheim garde mobile. *Hôpital des Varioliques, Rastadt.*

Bieth, Charles, Strasbourg, garde mobile. *Hôpital des Varioliques Rastadt.*

Berg, Aloys Neuhof, garde mobile. *Hopitul des Varioliques, Rastadt.*

Berger, Edouard, 63e ligne, capor l. *Hopital militaire, Berlin.*

Beaul_t, Ed., 2e artill. *Hôpital militaire, Berlin.*

Bernard, Jos., 71e ligne. *Hôpital militaire, Berlin.*

Bré, Jean, 85e ligne. *Hopital militaire, Berlin.*

Beckeur, Louis, 4e ligne. *Hôpital militaire, Berlin.*

Bazin, Paul, 18e artill. *Hôpital militaire, Berlin.*

Bonifas, Hector, 51e ligne caporal *Hopital Caserne 6, Sarrelouis.*

Badrignon, Jean-Franç., 81e ligne *Hopital, Caserne 6, Sarrelouis.*

Bertelot, Jean-Marie 18e chass. *Hopital Caserne 6, Sarrelouis.*

Blanloeil, Mat., 44e ligne. *Hôpital, Caserne 6 Sarrelouis.*

— 5 —

Brunet, Louis 73e ligne. *Hôpital, Caserne 6, Sarre'ouis*

Bodinet, Pierre, 17e artill *Hopital Caserne 6, Sarrelouis.*

Berton, André, 3e train, 13e c., ambul. *Hopital. Caserne 6, Sarrelouis.*

Bertrand, Charles, 11e chass., 2e c. *Hopital, Caserne 6, Sarrelouis.*

Broutisson, A., 81e ligne. *Hôpital, Caserne 6, Sarrelouis*

Bourgoin Léon, 18e chass. à p., 3e c. *Hôpital Caserne 6, Sarrelouis.*

Bailly François, 59e ligne. *Hôpital, Caserne 6, Sarrelouis.*

Brigot, Guillaume, 4e sect d'adm., boulanger. *Hôpital Caserne 56, Sarrelouis.*

Biry, Charles, 81e ligne. *Hôpital, Caserne 6 Sarrelouis.*

Bobin, Claude, 13e ligne. *Hopital de réserve, Halle*

Burquet Maurice, 28e ligne *Hopital de réserve Halle.*

Brunet, Victorien, 34e ligne *Hopital de réserve, Halle.*

Boyer, Emile, 1er ligne. *Hôpital de réserve, Halle.*

Batt., Charles, 2e artill., maréchal-des-logis. *Hopital de réserve, Halle.*

Breyh, Joseph, 3e cuirass., 2e esc., brig.-fourrier. *Hopital de réserve, Halle.*

Breton, Frédéric, 10e artill, 6e batt. *Hôpital de réserve Halle.*

Bach, Jules 11e artill., 1e batt., mar des-logis. *Hôpital de réserve, Halle.*

Barré, Aug-Lud., Valenciennes 50e ligne, capitaine blessé à la poitrine fracture du bras *Oberndorfsches Haus à Mannheim*

Brunet, Jean-Bapt., Grenoble, 1er zouaves, lieutenant, blessé à l'œil gauche et pied gauche. *Oberndorfs Haus, Mannheim*

Bercassen ben Hadj, Alger 1er turcos coup de feu au bras droit. *Hôpital, baraque 6 Mannheim.*

Bichot, Henri, Vire (Calvados), 74e ligne, caporal, coup de feu à la cuisse droite. *Hopital. baraque 6, Mannheim*

Bick Henri, Nord, 3e zouaves, blessé à la tête. *Hôpital, baraque 6, Mannheim.*

Blum, Félix Dirmenach, 48e ligne, caporal. *Hôpital 9, Rastadt.*

Bonal, Pierre, St-Michel, 36e ligne. *Hopital 9 Rastadt.*

Bourgeois, Aug., Cours, 2e zouaves *Hôpital 9 Rastadt.*

Bernier, Modeste, Moulins, 40e ligne. coup de feu au front. *Ambulance. Neudorf. Evaoué.*

Barbier, Pierre, 2e zouaves. † le 13 Août, *Rastadt.*

Bernamondie Jean, 56e ligne † le 10 Septembre, *Rastadt.*

Bamberger, Jos., Haguenau, 47e ligne. caporal. † le 26 Septembre, *Rastadt.*

Blaesius, F.-W, garde mobile † le 23 Octobre, *Rastadt.*

Brefi Jean. Uttwiller, garde mobile. *Hopital des Varioliques Rastadt.*

Bau, Théobald, Uttwiller, garde mobile, *Hopital des Varioliques. Rastadt.*

Beiter, Georges, Bussendorf, garde mobile. *Hopital des Varioliques, Rastadt*

Bourdin, Philippe Braulot, train d'artill. *Hôpital des Varioliques Rastadt.*

Bordat, Henri, 95e ligne. *Hopita' des Varioliques Rastadt.*

Bittler, Joseph Erstein garde mobile. *Hôpital des Varioliques Rastadt.*

Brunot, Jules-Charles Fontainebleau, 2e ligne *Hopital de réserve 2 Leipzig.*

Berthel, A. Marigny, 2e ligne. *Hopital de réserve 2. Leipzig*

Ballet, Joseph-Albert Villeneuve 96e ligne. Dépôt des prisonniers, *Dresden.*

Boyer Jules, Millau, 10e cuirass., commandant. Dépôt des prisonniers, *Dresden.*

Brullaut, Genlis, 10e cuiras., sous-lieutenant, coup de feu à la jambe gauche. Dépôt des prisonniers. *Leipzig.*

Boel Henri, Wissembourg, 14e artill. *Hôpital militaire, Rastadt*

Boissel, Edouard Paris 34e ligne coup de feu au genou. Dépôt des prisonniers, *Leipzig.*

Belel ben Mohamed, Alger, 1er turcos *Hôpital militaire, Rastadt.*

Burette, Aug., Denain 1er chass. à p. *Hôp tal militaire, Rastadt*

Brun, Yves, Lézardieux, infant. de marine, caporal *Hopital militaire, Rasta t.*

Bansept François, 78e ligne *Hôpital militaire. Rastadt.*

Biollay, François 16e artill. *Hôpital militaire, Rastadt.*

Bouvard, Jean-Pierre. 2e cuiras. *Hopital militaire, Rastadt.*

Blattner, Jean Ossendorf, 16e artill *Hopital militaire, Rastadt.*

Biesch, Georges, Wintershausen garde mobile. *Hop tal militaire. Rastadt.*

Besson, Mathieu, Chenevillers, 2e ligne *Hôpital militaire, Rastadt*

Bleier, Chrétien, Cosswiller, garde mobile. *Hôpital militaire, Rastadt.*

Bardol, Laurent. Haguenau, garde-mobile. *Hôpital militaire, Rastadt.*

Belanger, Jean, Mazel. 98e ligne. *Hôpital militaire, Rastadt*

Blangy, Alphonse, 5e artill. mar. des logis. *Hôpital militaire, Rastad',*

Brechenmacher, Georges Imbsheim, garde mobile. *Hôpital militaire, Rastadt.*

Bouthier, 7e cuiras., commandant, petite-vérole. *Hôpital Jacob, Leipzig.*

Berg, Joseph, 4e artill., musicien. *Hôpital Caserne 6, Sarrelouis.*

Boubrand, Louis, 44e ligne. *Hôpital, Caserne 6, Sarrelouis.*

Baptiste, L.-J., 19e ligne. *Hôpital, Caserne 6. Sarrelouis.*

Bailly, François 59e ligne. *Hôpital Caserne 6, Sarrelouis.*

Basille, Dumas, 11e artil., artificier. *Hôpital, Caserne 6, Sarrelou's.*

Bardun, Jul., Goux, 5e ligne. *Hôpital de réserve, Schwetz'ngen.*

Bury, Charles, 81e ligne. *Hôpital de réserve, Schwetzingen.*

Bound, Georges, Avold, 12e ligne, sergent-major, coup de feu à la cuisse droite. *Hôpital Barbara, Trèves.*

Benoît, Casimir, 28e ligne. *Hôpital, baraque 2 Berlin.*

Bouquet, Armand. 26e ligne. *Hôpital baraque 2, Berlin.*

Bourneuf, Julien, 5e ligne. *Hôpital, baraque 2 Berlin.*

Breitenstein, Bernard, Cernay. 53e ligne jaunisse. *Hôpital de réserve, Schweidnitz.*

Bilger, Emile Strasbourg, 16e artill, ophthalmie. *Hôpital de réserve, Schweidnitz.*

Berthold Nicolas, 20e artill. *Hôpital de réserve, Schweidnitz.*

Bove, Charles, 13e ligne. Evacué de Sarrelouis à *Trèves.*

Bailly, Eugène, 90e ligne. † le 30 Septembre *Villen-ure, St-Georges.*

Bouvet, Jean, 81e ligne. † le 29 Octobre, *Villeneuve, St-Georges.*

Bourette, Eugène, 93e ligne. 7e *ambulance du 6e corps, Villeneuve, St-Georges.*

Blont, Jos.-M.-Franç., (Loire-Inf), 81e ligne. *Hôpital civil, Trèves.*

Bried, Léon Beauvillers (Haut-Rhin), 56e ligne, coup de feu à l'épaule gauche. *Hôpital de réserve 3, Leipzig.*

Barot Alex., 20e ligne. Evacué de Hanovre sur *Minden.*

Berthon, Pierre, 7e artill, 6e batt., brig. Evacué de Hanovre à *Minden.*

Brette, François-Charles, 40e ligne, sergent-fourrier. Evacué de Hanovre à *Minden.*

Bouveyron, Paul, 32e ligne. Evacué de Hanovre à *Minden.*

Bertrand, Jean-Baptiste, 46e ligne sergent-fourrier. Evacué de Hanovre à *Minden.*

Bürr, Franç.-Jos., 1er ligne Evacué de Hanovre à *Minden.*

Blach, Pierre, ? chass. † le 21 Septembre. *Villeneuve, St-Georges.*

Benoît, Jules-Joseph, 12e ligne, capitaine. † le 26 Septembre, *Villeneuve, St-Georges.*

Beaugelus Jean. 3e zouaves, 3e b., 6e c. Evacué de Merschourg à *Wittenberg.*

Baudet, Pierre, 17e chass. à p. Evacué de Merschourg à *Wittenberg.*

Bitz Ferd. 29e ligne. *Hôpital de réserve 1, Cassel.*

Balques, Léon. 26e ligne, coup de feu au pied gauche. *Hôpital de réserve 1, Cassel.*

Bodoin, Eug., 7e chass., 6e c., coup de feu au pied droit. *Hôpital de réserve 1, Cassel.*

Brosset Aug., 34e ligne. *Hôpital de réserve 1. Cassel.*

Bonnet, Jacq., St-Barthelemy, 3e zouaves. *Hôpital de réserve, Schwetzingen.*

Bastain, Louis, Caumont, 64e ligne. *Hôpital de réserve, Schwetzingen.*

Besse, Victor, Torsac, 74e ligne. *Hôpital de réserve, Schwetzingen.*

Borredon, Jean 58e ligne. *Hôpital militaire, Potsdam.*

Böhler, André, 28e ligne, sous officier. 3e *ambulance, Villiers-le-Bel*

Bredoux, Joseph. 11e artill., 6e batt., brig. *Hôpital de réserve, Halle.*

Bossier, Louis, 92e ligne. *Hôpital de réserve, Halle*

Bidault, Léopold, 75e ligne, tambour major. *Hôpital de réserve, Halle.*

Babé ou Zabé, Nicolas, 89e ligne, caporal. *Hôpital de réserve Halle.*

Bary, Aug, 91e ligne. *Hôpital de réserve, Halle.*

Berthoumieux, Jean, 93e ligne. *Hôpital de réserve. Halle.*

Bourgeois, Michel, 43e ligne. *Hôpital de réserve, Halle.*

Barbosier, Georges, 53e ligne. *Hôpital de réserve, Halle.*

Bousquet, Maurice. 54e ligne. *Hopital de réserve, Halle.*
Bertuquet, Pierre, 61e ligne. *Hopital de réserve, Halle.*
Balsa Jean. 67e ligne. *Hopital de réserve, Halle.*
Barbin, Réné, 73e ligne. *Hopital de réserve, Hal e.*
Bary, Jean, 29e ligne caporal. *Hôpital, Caserne 6, Sarrelouis.*
Buisque, Cyprien, 44e ligne. *Hôpital, Caserne 6, Sarrelouis.*
Bréourd ou **Brecoud** Alfred, 85e ligne. *Hôpital, Caserne 6, Sarrelouis.*
Borg, Charles, 13e artill., 8e batt. *Hôpital, Caserne 6, Sarrelouis.*
Bartholem L., 10e ligne. *Hôpital, Caserne 6, Sarrelouis.*
Brenelle, Victor-Pierre, 43e ligne. *Hôpital, Caserne 6, Sarrelouis.*
Berthel, François, 93e ligne. *Hôpital de réserve, Halle.*
Bonnetin, Louis 93e ligne. *Hôpital de réserve Halle*
Baze, Michel, 93e ligne, tambour. *Hôpital de réserve. Halle.*
Bernier, Louis, 93e ligne, sergent-major. *Hôpital de réserve, Halle.*
Baysse, Pierre, 93e ligne sergent. *Hopital de réserve. Halle.*
Benard Charles, 94e ligne. *Hôpital de réserve, Halle.*
Berand, Jean, 99e ligne, caporal. *Hôpital de réserve, Halle.*
Blanc, Jules, Toulouse, 1er ligne. *Baraque 50, Berlin.*
Bouchard, François, 44e ligne *Hôpital, Caserne 6, Sarrelouis.*
Blesté H., 41e ligne. *Hôpital, Caserne 6 Sarrelouis.*
Bontier, Pierre, 80e ligne. *Évacué de Sarrelouis à Trèves.*
Bodinel Pierre, 17e artill., artificier. *Évacué de Sarrelouis à Trèves*
Berton, André-P., 3e train des ambulances. *Évacué de Sarrelouis à Trèves.*
Bertrand, Charles, 11e chass., 2e c. *Évacué de Sarrelouis à Trèves.*
Broutisson, André 81e ligne. *Évacué de Sarrelouis à Trèves.*
Bourgoin, Léon, 18e chass., 3e c. *Évacué de Sarrelouis à Trèves.*
Beldier, Albert 1er ligne. *Hôpital, Caserne 6 Sarrelouis.*
Basque, Etienne, 54e ligne. *Hôpital Caserne 6, Sarrelouis.*
Blondeau, Jules-Jos. 64e ligne. *Hôpital, Caserne 6. Sarrelouis.*
Boché, Th , 64e ligne. *Hôpital, Caserne 6, Sarrelouis.*
Blanchard François, 2e génie. *Hôpital, Caserne 6, Sarrelouis.*
Bulotte, André. 81e ligne, musicien *Hôpital, Caserne 6, Sarrelouis.*
Bonnefois, Sylvain, 57e ligne. 2e b., 5e c *Hôpital de réserve, Wrietzen-sur-l'Oder.*
Belsitz Joseph, 100e ligne, 1er b., 4e c. *Hôpital de réserve, Wrietzen-sur-l'Oder.*
Barbaste, Jacq., 100e ligne, 3e b. 3e c. *Hôpital de réserve, Wrietzen-sur-l'Oder.*
Baudon, François 100e ligne, 2e b., 4e c. *Hôpital de réserve, Wrietzen-sur-l'Oder.*
Boissary, Louis-Phil., 72e ligne. *Hôpital de réserve, Oldenbourg.*
Bazin, Henri, 11e artill. *Hôpital de réserve, Wrietzen-sur-l'Oder.*
Bonnet Joseph, 11e artill , 10e batt. *Hôpital de réserve. Wrietzen-sur-l'Oder.*
Bricn, Jos.-Nicolas, 4e artill., 11e batt , fourrier. *Hôpital de réserve, Wrietzen-sur-l'Oder.*
Briclot Antoine 6e ligne. sergent. *Hôpital de réserve Wrietzen-sur-l'Oder.*
Beurier, Henri-Louis, 6e ligne, caporal. *Hôpital de réserve, Wrietzen-sur-l'Oder.*
Boishardy, Jos., 3e train, 13e c. *Hôpital de réserve, Wrietzen-sur-l'Oder.*
Brave, Victor, 15e chass., 2e c. *Hôpital de réserve Wrietzen-sur-l'Oder.*
Berthet, Jos., 41e ligne, 3e b., 2e c. *Hôpital de réserve Wrietzen-sur-l'Oder.*
Blatzel, Louis, 91e ligne. *Hôpital de réserve, Oldenbourg.*
Basse Jean, 58e ligne. *Hôpital de réserve, Oldenbourg.*
Broue, Louis, 58e ligne. *Hôpital de réserve Oldenbourg.*
Briaud, Etienne, phthisie. *Oldenbourg.* † le 8 Novembre
Boucher, Aug. 79e ligne. Guéri. *Dépôt des prisonniers, Oldenbourg.*
Broque, 79e ligne. *Dépôt des prisonniers Oldenbourg.*
Ben-Ady-Mohamed, 2e turcos, Guéri et évacué d'Oldenbourg sur *Bingen.*
Boisbary. Emile 47e ligne. *Hôpital de réserve, Oldenbourg.*
Birier, Aug., 79e ligne. *Hôpital de réserve Oldenbourg.*
Bonlandron, Aug., Coye, 2e ligne. *Hôpital de réserve, Pasewalk.*
Berry, Jean-Bapt.. ? *Hôpital de réserve, Pasewalk.*

Bechaut, 40e ligne. ? Guéri. *Dépôt des prisonniers, Oldenbourg.*

Bret, Ernest, Paris, ? catarrhe. *Hopital de réserve Pasewalk.*

Blain Joseph, Harcourt, ? typhus. *Hopital de réserve, Pasewalk.*

Buisson, Jacob, Bomely, ? bronchite. *Hopital de réserve, Pasewalk.*

Broquemont, Jean-Pierre, ? bronchite. *Hopital de réserve, Pasewalk.*

Bojort, Abel, ? fièvre gastrique. *Hopital de réserve, Pasewalk.*

Berly, Octave, ? typhus. *Hopital de réserve, Pasewalk.*

Barlet ou **Barchet** Oscar, ? typhus. *Hopital de réserve, Pasewalk.*

Barthelemy, Ramon, Graissesac, ? dyssenterie. *Hopital de réserve, Pasewalk.*

Blanchoin, François, 1er inf. de marine, typhus. *Mayence*, † le 11 Novembre.

Bauplet, Pierre, 2e inf. de marine. *Minden* † le 26 Octobre.

Bonnefon, Louis, 34e ligne, dyssenterie. *Wittenberg*, † le 3 Novembre.

Bernoud, Jacques, (Saône-et-Loire), 11e artillerie, dyssenterie. *Thorn*, † le 11 Novembre.

Bonniaud, Jean, 1er ligne, dyssenterie. *Cologne*, † le 25 Octobre.

Bellec, Pierre, 47e ligne, dyssenterie. *Cologne*. † le 25 Octobre.

Bernos, Louis, 31e ligne, sergent-major typhus. *Cologne*, † le 26 Octobre.

Bouchet, Joseph, 15e ligne. *Cologne*, † le 3 Novembre.

Boudmi, Julien, (Ille-et-Vilaine) 25e ligne, coup de feu à la nuque. *Ambulance des tapis Meaux*. (Echappé.)

Bonel, Jean-Marie, 57e ligne. *K.-Fr.-Caserne, Berlin*

Bredoux, Jean, 9e chass., 2e c. *K.-Fr. Caserne, Berlin.*

Berize, Jean-George, 9e drag., 1er esc. *K.-Fr.-Caserne, Berlin.*

Belhache, Aug, 13e artill., 10e batt. *K.-Fr.-Caserne, Berlin.*

Benneron François, 2e hussards 3e esc *K.-Fr.-Caserne, Berlin.*

Brian, Fréd., 75e ligne, 3e b., 2e c. *K.-Fr.-Caserne, Berlin*

Baratte, Louis, 9e chass. 1re c. *K.-Fr.-Caserne, Berlin.*

Blaiz, Théoph., 75e ligne, 1er b., 4e c. *K.-Fr.-Caserne. Berlin.*

Blanc, Henri, 10e ligne, adjudant *K.-Fr.-Caserne, Berlin.*

Boulat Louis, 9e chass., 3e c. *K.-Fr.-Caserne, Berlin.*

Recasse, Antoine-Désiré, 33e ligne, 1re b., 1re c. *K.-Fr.-Caserne, Berlin.*

Baptiste, Alfred, 33e ligne, 1er b., 1re c., caporal. *K.-Fr.-Caserne. Berlin*

Bon, A., 10e cuirass., 3e esc. *K.-Fr.-Caserne Berlin.*

Brigasse, François, Soirans, 31e ligne. Evacué de *Schwetzingen* à *Mayence.*

Ben-Ali-Lacard, Algérie, 1er turcos. *Hôpital de réserve, Schwetzingen*

Bouché, Etienne, Blanché, 21e ligne. *Hopital de réserve, Schwetzingen* (rétabli).

Bories, Baptiste, 6e ligne, 1er b, 2e c, caporal *K.-Fr.-Caserne, Berlin*

Bac, Antoine, 95e ligne, 1er b. 6e c. *K. Fr.-Caserne, Berlin.*

Beauvilain, Jean Bapt., 19e ligne, 1er b., 1re c, *K.-Fr.-Caserne, Berlin.*

Binet, Paul, 2e génie. *K.-Fr Caserne, Berlin.*

Behen, U., 3e dragons, 2e esc. *K.-Fr.-Caserne, Berlin.*

Boye, Jules, 7e cuirass. 5e esc. *K.-Fr.-Caserne, Berlin.*

Bonnefoy, Romain, 5e chass., 2e c. *K.-Fr. Caserne, Berlin.*

Bonnotte, Prudent, 20e chass., 2e c. *K.-Fr.-Caserne, Berlin.*

Berge, Cyprien, 14e artill., 6e batt *K. Fr.-Caserne Berlin.*

Bonzom, Pierre, 91e ligne 3e b. 1re c *K.-Fr.-Caserne Berlin.*

Bernard, Nicolas Désiré, 14e artill., 7e batt., brig. *K.-Fr.-Caserne, Berlin.*

Bouron, Pierre 91e ligne, 3e b., 1re c. *K.-Fr.-Caserne, Berlin.*

Bethig Joseph, 7e hussards, 3e esc. *K.-Fr.-Caserne Berlin.*

Bourdon, F., ? coup de feu à la jambe droite. *Hopital de réserve, Pasewalk.*

Belline, Jean-Pierre, Carbusière ? coup de feu à la jambe droite. *Hôpital de réserve, Pasewalk.*

Barbier, Joseph, Charmes, civil, blessé à la main gauche. *Hopital de réserve Pasewalk.*

Biaque, Pierre-Bapt, Condom, ? coup de feu à la hanche. *Hopital de réserve, Pasewalk.*

Beaufils, Arthur-Jos., 1er grenadiers de la garde, 1er bataillon, 5e c, caporal *Kaiser-Franz-Caserne, Berlin.*

Breger, Jean, 54e ligne, 2e b, 1er c *K.-Fr.-Caserne Berlin.*

Boitte, Simon, 6e ligne, 1er b., 1re c., caporal. *K.-Fr.-Caserne, Berlin.*

Boutau, François, 65e ligne, 3e b , 4e c. *K-Fr.-Caserne, Berlin.*
Barsanty, Georges 43e ligne 1er b , 5e c. *K.-Fr.-Caserne Berlin.*
Bessières, Edmond, 43e ligne 3e b., 4e c. *K.-Fr.-Caserne. Berlin.*
Berhault, Désiré, 7e artill., typhus. † le 11 Novembre *Cologne.*
Bernard, Jacques, 47e ligne, anémie. † le 7 Novembre, *Cologne.*
Barrier, Réné 47e ligne dyssenterie † le 11 Novembre, *Cologne.*
Bajot Julien, 49e ligne, typhus. † le 12 Novembre, *Mayence.*
Bouvard, Etienne, 11e artill., pneumonie. † le 11 Novembre, *Cosel.*
Blanc-Pourron, Jos.-Franç , ?, typhus. † le 12 Novembre, *Torgau.*
Dlaucal, Jean, 4 e ligne, sergent-major. Guéri et évacué de Hanovre sur *Minden.*
Belmonte, Jean, Josnes, ?, typhus. *Hôpital de réserve, Pasewalk.*
Blanchet, Stanislas ? typhus. *Hôpital de réserve. Pasewalk.*

Compaigny, Gustave, Fleury-La Montagne (Saône-et-Loire), 18e inf, typhus † le 31 Octobre, *Glogau.*
Chevalley, Hippolyte, Vosges, 5e cuirass. dyssenterie † le 31 Octobre, *Posen.*
Chaubet, Jean, Laffite (Tarn-et-Gar.), 52e ligne, dyssenterie. † le 1er Novembre, *Posen.*
Couant, Thomas 87e ligne, typhus. † le 4 Novembre, *Mayence.*
Chervolieu, Math , 3e train, typhus. † le 25 Octobre, *Coblence.*
Cerier François, 91e ligne typhus † le 26 Octobre, *Coblence.*
Caujandot, Pierre 14e ligne, typhus † le 28 Octobre, *Coblence.*
Chapet, Claude, 34e ligne, typhus. † le 4 Novembre *Erfurt.*
Chaudron, Adolphe, 2e inf. de marine, dyssenterie. † le 6 Novembre, *Mayence.*
Cochet, Jean-Claude, 36e ligne petite-vérole. † le 6 Novembre, *Danzig.*
Caille', Jules 5e cuirass., caporal, typhus. †le 3 Novembre, *Torgau.*
Cayla, Pierre Montpeyroux (Aveyron), 1er lanciers petite vérole. † le 5 Novembre, *Posen.*
Chatonnet, Eugène, Ile-de-Ré, ouvr. d'admin , phthisie. † le 7 Novembre, *Posen.*
Cognier, Blaise, Fretaux (Allier), 61e ligne, typhus. † le 8 Novembre *Posen.*
Collet, Désiré. St-Aubin (Aube), 3e gren., typhus. † le 7 Novembre, *Glogan.*
Chigout, Eugène Ingres (Loiret), franc-tireur, anémie. † le 23 Octobre *Stettin*
Collin, Georges, Orne, 2e zouaves, pneumonie, † le 2 Novembre, *Stettin.*
Chassart, Charles, 10e cuirass , 3e esc. *Ambulance 6 Ldonchamps.*
Challié, 100e ligne. *Ambulance 6, Ladonchamps.*
Charaud, J., 81e ligne *Ambulance 6, Ladonchamps.*
Charou ben Sala, Tebessa, 3e turcos. *Ambulance de la gare Car'sruh.*
Colliard, Jos., Villefranche (Rhône), 3e ligne. *Ambulance de la gare. Carlsruhe.*
Carré, J.-B., Loire-Inf., 2e zouaves, *Ambulance de la gare, Carlsruhe.*
Chauvin, Ph., Carpentras, 13e ligne sergent. *Ambulance de la gare, Carlsruhe.*
Chantier, François, La-Roche-Bernard, 37e ligne. Evacué à *Rastadt.*
Creuzot, Etienne, Montereau (Loiret), 88e ligne. *Hopital de réserve, Meiningen.*
Chasseau, Antoine, Sorbier (Allier), 71e ligne. *Hopital des diaconesses, Braunschweig.*
Clove, Henri, garde mobile. *Hôpital, Sagan.*
Chavarnac, Omer, 100e ligne *Hopital de réserve, Oppeln*
Chauvin, Alexis, 44e ligne. *Hopital 6, Sarrelouis.*
Clodin, Jules, 4e ligne. *Hopital 6, Sarrelouis.*
Chenel Pierre Moulins, 75e ligne, coup d feu à la jambe droite. † le 11 Septembre, *Ste-Marie-aux-Chênes.*
Charage, Jos., Drôme, 4e ligne, sergent-major fracture au bras. † le 23 Septembre, *Ste-Marie-aux-Chênes.*
Couic, Marc, Goffinau 76e ligne, coup de feu à la poitrine. Evacué sur *Stettin.*
Corbel, Aug., 4e ligne, sergent-major, fracture au bras droit. † le 29 Septembre, *Doncourt.*
Chassonnerie, 57e ligne, caporal, mutilation de la cuisse droite † le 27 Août, *Doncourt.*
Chauvel Théod., 57e ligne, lieutenant coup de feu à la cuisse gauche. † le 9 Septembre, *Doncourt.*
Chervin, Pierre-Fréd , Marceau (Eure), ? ligne dyssenterie † le 6 Novembre *Leipzig.*
Croizat, Jos., Sallières (Savoie), 85e ligne. *Hopital de réserve 1 Leipzig.*

Chevallier, Claude, Le-Jardillat (Rhône), 6e artill., contusion au dos. Guéri en caserne à *Leipzig*

Coudert, Léon, Salas (Haute-Vienne), 89e ligne, coup de feu au pied. Guéri en caserne, *Leipzig*.

Combes, Barth., Le Cayla (Aveyron), 12e ligne, coup de feu à la cuisse. *Hopital de réserve 1, Leipzig*.

Colson, Edm.-Ch., Joinville (Haute-Marne), 2e gren. de la garde. *Hopital de réserve 1, Leipzig*.

Chabrier, François, St-Paulier (Haute-Loire), 3e génie. *Hopital de réserve 1. Leipzig*.

Corte, Charles, 21e ligne, sergent, coup de feu au pied droit. *Hopital, Lunebourg*. Evacué à *Hanovre*.

Chanoine, Amand, 2e chass. à p., 8e c. † le 21 Octobre, *Pont-à-Mousson*.

Chevallier, Pierre, 12e ligne. † le 31 Octobre, *Pont-à-Mousson*

Colignon, Xavier, 75e ligne. *Ambulance du séminaire, Pont-à-Mousson. Evacué*.

Contadier, Mar., 3e inf. de marine. *Ambulance du séminaire, Pont-à-Mousson. Evacué*.

Catriseuil Antoni, 72e ligne. *Ambulance du séminaire, Pont-à-Mousson. Evacué*.

Carras, Philibert, 34e ligne. *Hopital de réserve, Dessau*.

Chatel, Barth., 45e ligne. *Hopital de réserve, Dessau*.

Chabas, V., 1er génie. *Hopital de réserve, Dessau*.

Couderc, Henri, 6e cuirass., 4e esc., brigadier. *Hopital de réserve, Dessau*.

Castandet, Jean, 53e ligne. *Hopital de réserve, Dessau*.

Chevrier, Lucien, Mayenne, 43e ligne. *Hopital général, Mannheim*

Chauvet, Pierre, 21e ligne. *Ambulance 9. Rastadt*.

Christaux, Joseph, 23e ligne, sergent. *Hopital de réserve 2. Leipzig*.

Coulon, Onésime, 12e chass. à p. ?. *Ambulance, Rastadt*

Caillot, Etienne, Tarare, 56e ligne. *Ambulance, Rastadt*.

Camisard, Joseph, garde mobile, cap. *Ambulance. Rastadt*.

Couvreur, Pierre, Boulogne-s/M., 3e zouaves. *Ambulance, Rastadt*.

Crouzet, Martial, Laturette, 96e ligne. *Ambulance, Rastadt*.

Caude, Pierre, St-Médard, 87e ligne. *Ambulance, Rastadt*.

Castelli Simon, 12e artill. *Ambulance, Rastadt*.

Chambrot, Charles, Gironcourt, 20e artill. *Ambulance. Rastadt*.

Cramail, François 96e ligne. *Ambulance, Rastadt*.

Christ, Charles, Molsheim garde mobile. *Ambulance, Rastadt*.

Cléré, André Urmatt (Bas-Rhin), 18e ligne, Guéri en caserne, *Leipzig*.

Creveil, Désiré, drag. de la garde, 3e esc., coup d'arme blanche à la cuisse gauche. Dépôt des prisonniers, *Dresden*.

Cordier, Jules, Autricourt, 74e ligne. *Hopital des varioliques, Rastadt*.

Charbitel, Jules. garde mobile. *Hopital des varioliques, Rastadt*.

Cherting, Charles, Bischwiller, garde mobile. *Hopital des varioliques, Rastadt*.

Cesard Aug., 57e ligne. *Hopital militaire, Berlin*.

Charvel, Charles, artill. de la garde. *Hopital militaire, Berlin*.

Cau Jean, 8e dragons, 3e esc. *Hopital, Caserne 6. Sarrelouis*.

Cretin, Charles-Elie, 11e chass., 3e c. *Hopital, Caserne 6, Sarrelouis*.

Chasse. Louis, 70e ligne. *Hopital, Caserne 6, Sarrelouis*.

Colombier, Jos., 1er ligne. *Hopital, Caserne 6, Sarrelouis*.

Cherlen, Xavier, Felleringen (Haut-Rhin) 91e ligne, éclat de grenade à la jambe. *Hopital de réserve, Spire*.

Champredon, J.-B., 3e volt. garde-impér., 2e b., 4e c., coup de feu aux deux pieds et au coude. *Ambulance, Bingerbrücke*.

Cedran, Edouard, 9e sect. d'ouvr. d'adm. *Hopital, Caserne 6. Sarrelouis*

Callu, François, 12e ligne. *Hopital de réserve, Halle*

Cald, Barthélemy, 12e ligne. *Hopital de réserve Halle*.

Corver, François, 12e ligne, *Hopital de réserve, Halle*

Cerrier, Régis, 25e ligne, sergent. *Hopital de réserve, Halle*.

Charles, Jean-Marie, 26e ligne. *Hopital de réserve Halle*.

Cardine, Victor, 26e ligne. *Hopital de réserve, Halle*.

Chazeaubenit, Pierre, 34e ligne. *Hopital de réserve Halle*

Clouret, Hippolyte, 3e chass. à pied. *Hopital de réserve, Halle*

Collot, Adolphe, 4e ligne. *Hopital de réserve, Halle*.

Cravers, Aug., 10e ligne. *Hopital de réserve, Halle*

Colleau, Victor, 10e ligne. *Hopital de réserve, Halle.*
Cortier Jos., 10e ligne. *Hopital de réserve, Halle.*
Carnel, Jules-Jean 75e ligne. *Hopital de réserve Halle.*
Chosard, François 75e ligne, sergent. *Hopital de réserve, Halle*
Charrère, Jean-Pierre, 82e ligne. *Hôpi al de réserve, Halle.*
Coste Jean 89e ligne *Hôpital de réserve Halle.*
Cougoureux, Jean 34e ligne. *Hôpital de réserve, Halle.*
Charrière, François, 37e ligne. *Hôpital de réserve, Halle.*
Chassagne, Antoine, 45e ligne. *Hopital de réserve Halle.*
Cazalbon Jean-Marie, 66e ligne. *Hopital de réserve, Halle*
Ciavaldini Jacq.-Ant., 57e ligne adjudant *Hopital Caserne 6, Sarrelouis*
Collin, François 91e ligne, caporal. *Hopital, Caserne 6, Sarrelouis.*
Charrier, Jean-Louis, 93e ligne. *Hopital de réserve Halle.*
Charnel, Mathurin, 105e ligne, *Hopital de réserve. Halle.*
Chapat Louis, 27e ligne. *Hôpital-Baraque 50 Berlin.*
Cregor, François, 41e ligne *Hopital Caserne 6, Sarrelouis*
Chateau, Const., 60e ligne *Hopital, Caserne 6 Sarrelouis.*
Coidance Léon, 62e ligne. *Hôpital Caserne 6, Sarrelouis.*
Chauvin, Alexis, 44e ligne. *Evacué de Sarrelouis à Tréves.*
Crouchout, François, 44e ligne. *Evacué de Sarrelouis à Trèves.*
Clodin, Jules, 4e artill. *Evacué de Sarrelouis à Trèves*
Cedran, Edmond, 9e sect. d'administ. *Evacué de Sarrelouis à Trèves.*
Commé Jacques, 21e chass *Hôpital Caserne 6, Sarrelouis.*
Croqueille, Victor, 60e ligne. *Hopital, Baraque 2 Berlin.*
Celton, Henri, 10e ligne. *Hôpital, Baraque 2, Berlin.*
Colin, Sébastien, 88e ligne, sergent, fièvre gastrique. *Hopital de réserve, Schweidnitz.*
Chatillon, Marcel, Montigny, 80e ligne, caporal. *Hopital de réserve, Schweidnitz*
Christh, Joseph Erstein, 18e ligne. *Hôpital de réserve, Schweidnitz*
Callière (Comte de), Bordeaux, 20e artill. *Hopital de réserve 2, Sachsenhausen.*
Cutures, André, 53e ligne, caporal. *Hôpital de réserve, Géra.*
Chasserat, Michel, Rouffach, 59e ligne *Hopital civil Trèves.*
Cannier, Marie, 18e ligne. *Hôpital civil, Trèves.*
Charles Paris, 90e ligne. *6e Ambulance du 7e corps, Villeneuve-St-Georges*
Couès, Guillaume, 3e zouaves, 1er b., 5e c. *Guéri et évacué sur Wittenberg*
Clochart Alfred, 50e ligne. *Cassel,* † le 4 Novembre.
Carriol Félix, 95e ligne coup de feu à la cuisse gauche. *Hopital de réserve, Cassel.*
Cardy, Pierre, 5e chass. *Hopital de réserve Cassel.*
Coriolan, L., (Drôme), coup de feu aux deux joues. *Dépôt des prisonniers, Leipzig.*
Collin, Jules-Aug., 10e artill, 8e batt. variole. *Ambulance, Nancy.*
Coat Yves 1er zouaves, 1er b. 3e c. *Kaiser-Franz-Caserne, Berlin.*
Chabaud, Jean, Fage, 99e ligne *Hopital de réserve, Schwetzingen.*
Courdrot, Louis, Sens, 3e zouaves. *Hôpital de réserve, Schwetzingen.*
Cloirec Guillaume, 33e ligne, 3e b., 2e c. *K.-Fr.-Caserne, Berlin.*
Chasserand, Onésime-Dés., 27e ligne, 1er b, 2e c. *K.-Fr.-Caserne, Berlin*
Claus, Thomas, 42e ligne, 2e b., 6e c., sergent. *K.-Fr.-Caserne. Berlin.*
Catry, Henri 10e ligne, musicien *K.-Fr.-Caserne, Berlin.*
Chapuis Eug.-F., 33e ligne, 1er b, 2e c, sergent *K.-Fr.-Caserne, Berlin*
Commun Alexandre 13e ligne, 1er b., 3e c. *K.-Fr.-Caserne, Berlin.*
Casanova, Jean-Antoine 33e ligne, 2e b., 2e c. sergent *K.-Fr.-Caserne, Berlin*
Caron, Louis-Jos. ? *Hopital de réserve Pasewalk.*
Chibers Pierre, ? *Hôpital de réserve, Pasewalk.*
Chabas, Antoine 59e ligne, 3e b., 1re c. *K.-Fr.-Caserne, Berlin.*
Courstat Pierre, 20e chass. à pied, 1re c. *K.-Fr.-Caserne Berlin.*
Cousin, Isidor, 26e ligne 2e b. 1re c. blessé à la main gauche. *Hopital de réserve, Wri tzen a/O.*
Clemenceau, Auguste, 8e artill. 8e batt., *Hopital de réserve, Wrietzen a/O.*
Chapron, Aug, 87e ligne, pet.-vérole. *Old nburg* † le 9 Novembre.

Champlon, Jacq. 90e ligne, catarrhe. *Hopital de réserve, Wrietzen.*
Chamin, Abraham, 12e ligne, catarrhe, *Hopital de réserve Wrietzen.*
Chatelas, François, 82e ligne ophthalmie *Hôpital de réserve, Oldenbourg.*
Corduau, Jean, 22e ligne, fièvre. *Hopital de réserve, Oldenbourg.*
Cahn, artill. de la garde mobile, contusion à la jambe. Guéri et évacué sur *Minden.*
Cassera, François 24e ligne, sergent, fièvre. *Hôpital de réserve, Oldenbourg.*
Caralin de Clonne. 2e turcos. *Hopital de réserve, Oldenbourg.*
Charpentier, Aug., 8e chass., gastrite *Hopital de réserve, Oldenbourg.*
Crampon, Fréd , 8e chass., dyssenterie. *Hôpital de réserve, Oldenbourg.*
Carlier, Louis, Proville, ? *Hopital de réserve, Pasewalk.*
Champagne, Alex., Condé, ? Guéri et évacué sur *Stettin.*
Caumière, Antoine, Mâcon, blessé. *Hôpital de réserve, Pasewalk.*
Chevau, Charles, typhus. *Hopital de réserve, Pasewalk.*
Chaudron, Jean-Bapt., ?, typhus. *Hôpital de réserve, Pasewalk.*
Crobier, Aug., Chapelle, ?, typhus. *Hôpital de réserve, Pasewalk.*
Colin, Modeste, Boisseau, ?, dyssenterie. *Hopital de réserve, Pasewalk.*
Colin, Joseph, St-Sauveur, ?, typhus. *Hopital de réserve, Pasewalk.*
Chosard, Jean-Marie-Désiré. 2e ligne, anémie. † le 9 Octobre *Glogau.*
Chapelain, Victor-Jean-Louis. 2e génie, dyssenterie. † le 26 Octobre, *Minden.*
Conard, Jean, 82e ligne, typhus. † le 4 Novembre, *Minden.*
Chalambeau Antoine, 2e cuirass., brig., typhus. † le 5 Novembre, *Erfurt.*
Clos, Jean, 8e lanciers, typhus. † le 6 Novembre, *Erfurt.*
Chatilier, Nicolas, Barmont, 75e ligne, dyssenterie. † le 11 Novembre, *Unna.*
Contarel, Joseph 7e artill , typhus. † le 26 Octobre, *Cologne.*
Collin, Aimable, 19e artill., typhus. † le 30 Octobre, *Cologne.*
Capion, Jean-Albert, 88e ligne, fièvre. † le 31 Octobre, *Cologne.*
Caneri Antoine-Louis, 20e ligne, anémie. † le 6 Novembre, *Cologne.*
Clovis, Joseph, 2e génie, typhus. † le 5 Novembre, *Cologne.*
Carras, François, Neyrieux (Ain), 90e ligne, typhus. † le 11 Octobre, *Wesel.*
Cloître, Eugène, Aix-les-Bains, ?. *Hopital de réserve, Pasewalk.*
Callerie, Eugène 1er artill., 12e batt., brig. *Hopital K. Fr. Caserne, Berlin.*
Casseur, Louis, 26e ligne, 3e batt , 3e c. *Hopital, K. Fr. Caserne, Berlin.*

Doirat, Anastase, 34e ligne fièvre gastrique. *Wittenberg*, † le 29 Octobre.
Danvers, Charles, 72e ligne, typhus. *Mayence*, † le 31 Octobre.
Delauzun, Cyprien, 87e ligne, pet -vérole. *Mayence*, † le 1er Novembre.
Duval, François-Armand, Bellou (Orne), ? dépôt d'inf., apoplexie. *Glogau*, † le 21 Octobre.
Danois, Emmanuel, 96e ligne, typhus. *Erfurt* † le 1er Novembre.
Desplat Joseph, canton de Castres, 34e ligne pneumonie, *Wesel*, † le 3 Novembre.
Depuis, Pierre, 31e ligne, typhus. *Coblence*, † le 22 Octobre.
Delaître, Jules, Angers, 3e chass., pet.-vérole. *Posen.* † le 4 Novembre.
Descamps, Jos., (H.-Gar.), 52e ligne. dyssenterie. *Posen.* † le 7 Novembre.
Devot, Charles, civil, typhus. *Mayence*, † le 7 Novembre.
Deschamps, Alph., 11e artill., 9e batt. 6e *Ambulance, Ladonchamps.*
Deroches, Jean, Mâcon, 1er chass. *Hopital de la gare, Carlsruhe.*
Debon, Fr., Canson (Calvados), 13e chass., sergent. *Hopital de la gare, Carlsruhe.*
Devin ou **Devismes**, Aug., Bourges, 56e ligne. *Hopital de la gare, Carlsruhe.*
Dutailly Eug., Chagny, 2e zouaves. Évacué sur *Rastadt.*
Decambs, Edouard, 61e ligne, coup de feu à la cuisse gauche. 2e *Ambulance du 3e corps, Doncourt.*
Diderlé Jos., 11e artill. *Caserne 6, Sarrelouis.*
Dieta, Antoine, 1er ligne fracture à la cuisse droite. *Ste-Marie-aux-Chênes.* † le 11 Septembre.
Dieudestrat, lanciers de la garde, coup de feu au ventre. *Doncourt*, † le 21 Août.

Dentinger, Louis, Bischwiller (B.-Rh.), 1er artill. *Hôpital de réserve 1, Leipzig.*

Dallonneau, Jos.. Varennes (Indre-et-Loire), 6e sect. d'ouvr. d'administ. *Hôpital de réserve 1 Leipzig.*

Drumel, Ed.-Désiré, Damouzy, (Ardennes) 95e ligne, bronchite. *Hôpital de réserve 1, Leipzig.*

Dubois, Irenée-Fr., Ecques (P.-de-Cal.), 44e ligne, dyssenterie. *Hôpital de réserve 1, Leipzig.*

Dubois J.-Modeste, Enquin (P.-de-Cal.), 3e lanciers. *Hôpital de réserve 1, Leipzig.*

Desbrosses, Eug, Carsot (P.-de-Cal), 87e ligne, coup de feu à la cuisse droite. Guéri, en *Caserne, Leipzig.*

Duclos, Henri, Etroussat (Allier) 45e ligne, amputé d'un doigt de la main droite. Guéri, en *Caserne, Leipzig.*

Delgache, Raymond, Plaisance (H.-Gar), 7e chass. à pied, 4e c., caporal, coup de feu au pied. *Hôpital de réserve Leipzig.*

Dutroy, Jean-Franç., Gourdan (H.-Gar.), 2e hussards, 4e esc., mar.-des-logis, coup de feu à la tête. *Hôpital de réserve, Leipzig.*

Dumas, Bapt., Lafage (Cantal). 74e ligne, sergent, coup de feu à la cuisse droite. *Hôpital de réserve, Leipzig.*

Dumont, Edouard, Flesquers (Nord), 4e chass à pied, 5e c. coup de feu à la jambe gauche. *Hôpital de réserve, Leipzig.*

Dory Alex-Nestor, Faulquemont (Moselle), 2e grenadiers de la garde, fièvre. *Hôpital de réserve. Leipzig.*

Delaunay, Albert Sarrebourg, 1er zouaves, Guéri en *Caserne, Leipzig.*

Deveux, Célestin, Lissey (Meuse), 8e ligne, fièvre. *Hôpital de réserve 1, Leipzig.*

Damery, Aug.. Neuville, 8e ligne. *Hôpital de réserve 1, Leipzig.*

Dabonneville, Ed.. St-Maurice 3e génie. *Hôpital de réserve 1, Leipzig.*

Dupré, Henri, Roubaix, 1er ligne, coup de feu à la tête. *Hôpital de réserve 1, Leipzig.*

Daniel, F.-L.-M , (Morbihan), 6e ligne *Hôpital de réserve 1, Leipzig.*

Dedegard, Jos., Mutzig (B.-Rhin). 20e artill *Hôpital de réserve 1, Leipzig.* Guéri.

Dhallinger, Bapt., 11e ligne. *Ambulance Pont-à-Mousson.* Evacué.

Delanous, Pierre, 10e artill., 10e batt. *Hôpital de réserve, Dessau.*

Deotte, Frédéric, 34e ligne. *Hôpital de réserve, Dessau.*

Darbas, Jean-Pierre, 82e ligne *Hôpital de réserve, Dessau.*

Desmoulins, Jacq., 37e ligne. *Hôpital de réserve, Dessau.*

Daribs, Bernard, cuirass. de la garde 2e esc. *Hôpital de réserve, Dessau.*

Desforges, Gabriel, 45e ligne. *Hôpital de réserve, Dessau.*

Dagonet, Eng., 25e ligne. *Hôpital de réserve, Dessau.*

Debac, Albin-Jos., 4e ligne. *Hôpital de réserve, Dessau.*

During, Louis, 50e ligne. Evacué sur le *Dépôt des prisonniers, Wittenberg.*

Denis, Henri, Auray, 2e zouaves, sergent. *Ambulance 9, Rastadt.*

Delanoë Jean-Marie, Fère, 21e ligne. *Ambulance 9, Rastadt.*

Ducatillon, Jean-Bapt., 48e ligne. *Ambulance 9, Rastadt.*

Duchiron Julien, Moulins, 78e ligne, caporal. *Ambulance 9, Rastadt*

Diville, Ferd., Vassy, 2e ligne, sergent. *Hôpital de réserve 2, Leipzig.*

De Lage, Antoine, Chenerailles, 46e ligne. *Hôpital de réserve 2, Leipzig.*

Danvoux, Jean, 8e ligne. *Hôpital de réserve 2, Leipzig.*

Dufour, Alphonse, Orléans. 8e ligne. *Hôpital de réserve 2, Leipzig.*

Debraux, Pierre, Albins 88e ligne. Evacué sur *Dépôt des prisonniers, Dresden.*

Duc, Auguste, St-Gaudens, 4e chass. à cheval, 2e esc., éclat de grenade à la cuisse droite. Evacué sur le *Dépot des prisonniers, Dresden.*

Dutot, J.-Charles, Marville douanes, sous-officier. *Ambulance Rastadt.*

Derrinez, Jean-Louis, Luxeuil 18e ligne, caporal. *Ambulance, Rastadt.*

Dumoussand, Etienne, Rueil, 35e ligne, caporal. *Ambulance, Rastadt.*

Decker, Alfred Commercy, marine. *Ambulance, Rastadt.*

Dütt Jacob, garde mobile. *Ambulance, Rastadt.*

Dabert, Joseph, Clermont-Ferrand, 17e ligne. *Ambulance, Rastadt.*

Dumas, Joseph, Alais, 30e ligne. *Ambulance, Rastadt.*

Dreux, D., Paris, 2e artill. *Ambulance, Rastadt.*

Dreifus, Marc., Wissembourg, garde mobile. *Ambulance, Rastadt.*

Dub, Jacob, Schwingelsheim garde mobile. *Ambulance, Rastadt.*

Dollmeier, François, Ménil, garde mobile. *Hopital des varioliques, Rastadt.*

Deveuve, Eugène 41e ligne, *Hopital militaire, Berlin.*

Dicarru, Louis, 69e ligne. *Hopital militaire Berlin,*

Decurre. Jean, 89e ligne. *Hôpital militaire, Berlin.*

Delauriers Julien, 4e artill., trompette. *Hopital, Caserne 6 Sarrelouis.*

Dufour, Aug , 18e chass, 1re c., caporal.   do

Delest, Jean, gendarmerie, adjudant,   do

Douchard, Const., 1er artill., 1re batt.   do

Despérus, Jean 81e ligne.   do

Dubon, Charles, 75e ligne.   do

Dabat, Paul 17e artill , 3e batt   do

Domat, François, 44e ligne.   do

Désiré, Bernard, 44e ligne   do

Dumas, Basile, 11e artill., 5e batt , artificier. *Hopital, Caserne 6, Sarrelouis.*

Dupais, Auguste, 29e ligne. *Hopital, Caserne 6, Sarrelouis.*

Dauphin, Jean, 25e ligne. *Hopital de réserve, Halle.*

Delage Emmanuel, 28e ligne, sergent *Hopital de réserve, Halle.*

Doucet, Jean 34e ligne. *H pital de réserve. Halle.*

Dodemann, Ferd , 10e ligne. *Hopital de réserve Halle.*

Dietsch Morand, 10e ligne. *Hopital de réserve, Halle.*

Danel, François 76e ligne. *Hopital de réserve, Halle.*

Delord, Jérôme, 93e ligne. *Hopital de réserve, Halle.*

Denis, Jean-Marie, 40e ligne *Hopital de réserve, Halle.*

Dehager. Pierre, 65e ligne. *Hopital de réserve, Halle.*

Defontaine, Emile, 73e ligne. *Hopital de réserve Halle.*

Dupont, Jean-Bapt , 10e ligne, caporal. *Hôpital, Caserne 6, Sarrelouis*

Derache, Achille, 13e artill , 2e batt. *Hopital, Caserne 6, Sarrelouis.*

Daniel, Renault, 98e ligne. *Hopital, Caserne 6 Sarrelouis.*

Drapeau, Jean, 94e ligne. *Hôpital de réserve, Halle.*

Demay, Joseph, 96e ligne. *Hopital de réserve, Halle.*

Dorian, François, Trévillach, 3e ligne. *Hopital bar. 50, Berlin.*

Duvernoy, Auguste, 11e dragons, 3e esc , brig. *Hopital, Caserne 6, Sarrelouis.*

Dubon, Charles, 75e ligne. *Hopital Caserne 6, Sarrelouis.*

Dupont, Jean-Bapt., 10e ligne, caporal. *Hopital, Caserne 6, Sarrelouis.*

Dupais, Aug , 29e ligne. *Hopital Caserne 6, Sarrelouis*

Dutreich, Jules-Emile. Paris 3e chass. d'Afr. *Hopital Ste-Barbara Trèves.*

Dupont, Jean. 20e ligne. *Hôpital, bar. 2, Berlin.*

Dumvas, 12e drag., blessé à la poitrine. † le 18 Novembre, *Tilsit.*

Daniel, Renault, 98e ligne. Évacué de Sarrelouis à *Trèves.*

Delon, Jean-Nicolas, 81e ligne, commandant. 7e ambulance du 6e corps, *Villeneuve, St-Georges.*

Derville, Claude, 53e ligne. *Hôpital de réserve, Géra.*

Darphin, Hippolyte, 73e ligne. † le 1er Novembre *Trèves.*

Daniel Gilbert, 91e ligne, caporal. Evacué de Hanovre à *Minden.*

Deguet, Honoré, 40e ligne. Evacué de Hanovre à *Minden*

Dechaut, Barth , 89e ligne. *Hopital de réserve 1, Cassel.*

Deswarte, Louis, Lille, 12e ligne, 2e b., 2e c., coup de feu à la mâchoire et à la poitrine. Guéri au dépôt des prisonniers, *Leipzig.*

Donat, C., St-Jean, 73e ligne. *Hopital de réserve, Schwetzingen.*

Dumois, Jean-Bapt.. Aichelague, 18e ligne, 1er b , 3e c. *Hôpital de l'académie, Giessen*

Dolcac, Maurice, 9e chass., 1er b. *Hôpital K. Fr. Caserne, Berlin.*

Desplanches, Jean-B., 9e chass., 1er b., sergent. *Hopital K. Fr. Caserne, Berlin.*

Debieux, Victor, 9e drag. ponton., brig. *K. Fr. Caserne, Berlin.*

Daniel, Jos., 57e ligne, 1er b., 5e c. *K. Fr. Caserne, Berlin.*

Debon Pierre, 9e chass., 4e c. *K. Fr. Caserne, Berlin.*

Duprat, Jean, 1er ligne. K. *Fr. Caserne, Berlin.*
Delpech, François, 1er drag , 5e esc. K. *Fr. Caserne, Berlin.*
Duvalet, Alexandre 10e ligne 2e b., 5e c. K. *Fr. Caserne, Berlin.*
Dubois, François, 69e ligne, 3e b. 6e c., caporal. K. *Fr. Caserne, Berlin.*
Dujardin, Eugène, 70e ligne, 2e b., 1e c. K. *Fr. Caserne, Berlin.*
Deladerière, Albéric, 33e ligne, 3e b., 4e c. K. *Fr. Caserne, Berlin.*
Decker, Jean, 2e chass., 6e c. K. *Fr. Caserne, Berlin.*
Dubois Benjamin, 75e ligne, 1er b., 5e c. K. *Fr. Caserne, Berlin.*
Delangré, Ernest, 9e drag., 1er esc. K. *Fr. Caserne, Berlin.*
Delorme, Jean-Marie, 95e ligne, 2e b., 3e c. K. *Fr. Caserne, Berlin.*
Derveau, Réné, ?. *Hopital de réserve, Pasewalk.*
Denavarre, Jean-Bapt., 4e ligne, 1er b., 1e c. K *Fr. Caserne, Berlin.*
Delaval, Edmond, 6e ligne, 1er b., 4e c. K. *Fr. Caserne, Berlin.*
Digoy, Louis, 94e ligne, 2e b., 1e c. K. *Fr. Caserne, Berlin.*
Diat, François, 98e ligne, 3e b., 2e c. *Hopital de réserve, Wrietzen.*
Duret, Jean, 2e train, 14e c. *Hôpital de réserve, Wrietzen.*
Dasque, Florian, 80e ligne, 1er b., 4e c. *Hopital de réserve, Wrietzen.*
Deniau, Ernest, 44e ligne. *Hopital de réserve, Wrietzen.*
Diroff, Aug , 4e artill., trompette. *Hopital de réserve, Wrietzen.*
Dufaury, 49e ligne. *Hopital de réserve, Oldenbourg.*
Degenne Charles 82e ligne. *Hopital de réserve, Oldenbourg.*
Delmas, Dom , 47e ligne. *Hopital de réserve, Oldenbourg.*
Delpon, A., 12e chass. *Hopital de réserve, Oldenbourg.*
Dessort, garde mobile. Guéri et évacué sur *Lingen.*
Daumas, Jean-Bapt., 82e ligne. *Hopital de réserve, Oldenbourg.*
Debout, Narcisse, 24e ligne. *Hopital de réserve, Oldenbourg.*
Delabre ou **Delherbe**, Marius, ?, typhus. *Hopital de réserve, Pasewalk.*
Denis, Pierre, ?, fièvre gastrique. *Hopital de réserve, Pasewalk.*
Duvignon, Jean, ?, fièvre gastrique. *Hopital de réserve, Pasewalk.*
Doritin, Joseph civil, typhus. † le 10 Novembre, *Mayence.*
Deltel, Michel 2e train, dyssenterie. † le 25 Octobre, *Cologne.*
Desjardins, Jules, 7e artill., dyssenterie. † le 30 Octobre, *Cologne.*
Dongé, Léonard, 47e ligne. † le 7 Novembre, *Cologne.*
Delettre, Louis-Aug.-Eug., 25e ligne, caporal, plusieurs blessures. † le 8 Novembre, *Dantzig.*
Dreyfus, Abraham, 15e ligne. soldat. *Hopital, Caserne 6, Sarrelouis.*
Delius, Honoré, 11e drag . 5e esc. *Hopital, Caserne 6, Sarrelouis.*

Engraud, Armand, St-Pol (Pas-de-Calais), 68e ligne, bronchite. *Hôpital de réserve, Leipzig.*
Eybras, Léonard, 2e turcos, sergent. *Hopital de réserve, Rastadt.*
Enzminger, Henri, Ditteviller, garde mobile. *Hopital de réserve, Rastadt.*
Eberlin, Laurent Soultzbad garde mobile. *Hopital de réserve, Rastadt.*
Enneck, François, Vigne, 2e ligne, pneumonie. *Hôp. de rés. 2, Leipzig.*
Espald, Pierre, 81e ligne. *Hopital, Caserne 6, Sarrelouis.*
Escoffier, Marie 1er ligne. *Hopital. bar. 2, Berlin.*
Eydesheim, Jacques, 11e artill, maréchal-des-logis. *Hopital d'étappes, Trèves.* † le 5 Novembre.
Egeume, Edouard, Reims, 50e ligne, phthisie. † le 8 Novembre *Angermünde.*
Ezoloux, Louis, 29e ligne, rhumatisme. *Hôpital de réserve 1, Cassel.*
Edmond, Anselm, 10e cuirass., 3e esc., brig. K. *Fr. Caserne, Berlin.*
Escomel, Michel 90e ligne, catarrhe pulm. *Hôpital de réserve. Wrietzen.*
Evin, Louis, 94e ligne. *Hopital de réserve, Halle.*

Fort, Jean Arriège, 99e ligne, typhus. † le 30 Octobre *Glogau.*

Fanget, Charles, 52e ligne caporal typhus. † le 30 Octobre. *Torgau.*

Fassel, Martin, 16e artill., artificier, typhus. † le 23 Octobre, *Coblence.*

Floch, Jean-Louis, Plouguer (Finistère), 91e ligne typhus. † le 26 Octobre, *Stettin.*

Fouqué Jacq., Melle, 50e ligne. *Hôpital de réserve, Schwetzingen.*

Favre, Léon, Campagne (Tarn), 3e ligne. *Hôpital de réserve, Carlsruhe.*

Fille, M., Cuers (Var), 54e ligne, sergent. † le 20 Octobre, *Carlsruhe.*

Feuillat, Antoine, 57e ligne, coup de feu au mollet gauche. *2e ambulance du 3e corps, Doncourt.*

Francois, Martin, 99e ligne, 3e b., 5e c. *Hôpital de réserve, Sommerfeld.*

Fauque, Aug., 59e ligne. *Caserne 6, Sarrelouis.*

Frenke Antoine, 29e ligne.   d°

Fort J.-Félix, 68e ligne.   d°

Fery, Franç.-Nicol , 51e ligne.   d°

Faget, Paul, 7e ligne, musicien.   d°

Foret Pierre, Jura, 23e ligne, coup de feu à la cuisse gauche. *Hôpital de Butzow.* Evacué sur *Stettin.*

Fournier, François 1er ligne, fracture de la jambe gauche. † le 4 Septembre, *Doncourt.*

Faibre, 10e ligne, dyssenterie, † le 31 Août,   d°

Faire 73e ligne, coup de feu au bras gauche. † le 27 Août,   d°

Frostin, 73e ligne, coup de feu à la poitrine. † le 29 Août,   d°

Feret, Marie-Jos , Gautière (Indre), 27e ligne coup de feu à la cuisse d. † le 6 Novembre, *Leipzig.*

Firmin, Basile, Caissac (Lozère), 2e gren. de la garde. *Hôpital de réserve, Leipzig.*

Feraud Bertrand, Antony (H.-Gar.), 2e gren. de la garde.   d•

Fenaux, Aug., Bar-Le-Duc, 8e ligne typhus   d°

Fouillet, François, Jublains (Mayenne), 57e ligne, laryngite. *Hôpital Jacob, Leipzig.*

Frenort, Alb.-Charles, Bar-le-Duc, 11e chass. à pied, 4e c. *Hôpital de réserve Leipzig.*

Fournier, Louis, Bains (Ille et-Vill), 25e ligne.   d•

Faiderat, François 55e ligne. † le 21 Octobre, *Pont-à-Mousson.*

Fremelon, 7e artill. *Hôpital, Nancy.*

Fontanelle, Jean-Louis, Savoie, chass à pied, 7e c. coup de feu à la jambe gauche. *Hôpital de réserve, Gotha.*

Fauxpoint, Ernest, 34e ligne. *Hôpital de réserve, Dessau.*

Frohn, Nicolas, 13e chass. à p., 7e c   d°

Foulfain, Guill., Merlac (Nord) 64e ligne, 1er b., 2e c. coup de feu au pied. *Hôpital, baraque 6, Mannheim.*

Fage, Antoine, Malleville, 36e ligne. *Ambulance 9, Rastadt.*

Fourier, Pierre, Mauvezin, 99e ligne. † le 19 Août,   d°

Frenglé Georges, Ensisheim 99e ligne. † le 26 Août, d•

Fouillade, Franç., St-Hilaire, 3e zouaves. † le 15 Septembre, *Rastadt*

Ferder, Martin, Biesheim franc-tireur. † le 8 Octobre,   d°

Fortain, François, Evolt, 2e zouaves † le 29 Octobre,   d°

Fontenelle, Prosper, Versailles 8e ligne. *Hôpital de réserve 2, Leipzig.*

Faury, Léonard Lyon, 9e cuirass. *Hôpital de réserve. Rastadt,*

Flecher, Florian, Ohmheim, 18e ligne. *Hôpital, Rastadt.*

Foucras, Pierre, Monthay, 30e ligne.   d°

Fischer, Georges, Brumath, garde mobile, sergent. *Hôpital, Rastadt.*

Florence, Jean-Louis, 18e ligne.   d°

Fischer, Jacob, Kerkestel, garde mobile.   d°

Figel Antoine, Eschwiller,   d°   d°

Fajal André, 79e ligne.   d•

Forfert, Jean, Calais, 23e ligne, caporal.   d°

Frigand, Alphonse, 16e artill.   d•

Frank, Philippe, Lnzendorf, garde mobile, caporal.   d°

Fornier, Pierre, Loire-Infér., 2e zouaves, coup de feu au bras droit. *Hôpital de réserve 1, Leipzig.*

Froidefont, Charles 2e ligne. *Hopital de réserve 2, Leipzig.*

Fortin Célestin, 61e ligne, adjudant. *Hopital, Caserne 6, Sarrelouis.*

Fydet, Jean, 29e ligne.   d°

Fulgence, Henri, Voigne (Somme), 26e ligne. 2e b , 1e c., éclat de gren. au genou. *Hopital de réserve ,
Spire.*

Favre, J.-P.-D., 4e d'artill., 10e batt., brig. *Hopital. Caserne 6, Sarrelouis.*

Foularet, Henri, 17e artill , 2e batt.   d°

Fillon, Alphonse 5e drag., 2e esc., maréchal–des-logis chef. *Hopital, Caserne 6, Sarrelouis.*

Favre, Auguste, 3e cuirass., 3e esc., tromp. *Hopital de réserve, Halle.*

François, Jean Bapt., 83e ligne.   d°

Franceschi, Pierre-Jean, 93e ligne, caporal.   d°

Feuillade, Jean, 94e ligne.   d°

Fauque, Aug., 59e ligne, Evacué de Sarrelouis à *Trèves.*

Frenke, Antoine, 29e ligne. *Hopital, Caserne 6. Sarrelouis.*

Fort, Jean-Félix 68e ligne.   d°

Fery, François 51e ligne.   d°

Faget, Paul, 7e ligne, musicien.   d°

Fréser, Oscar-Alphonse. 71e ligne.   d°

Fluninger, Antoine, Haguenau, 1er ligne. fièvre interm *Hopital de réserve, Schweidnitz.*

Ferges (des) François, St-Félix (Dordogne). chass. à p., coup de feu aux deux cuisses. *Hôpital de réserve, Leipzig.*

Fenouil, Jean Pierre 40e ligne. Evacué de Hanovre sur *Minden.*

Frodou, Const., 2e zouaves.   d°

Fougny, Alex , 16e artill., pont. Guéri Evacué de Mersebourg sur *Wittenberg.*

Forestier, Claude 3e ligne, 1er b., 5e c.   d°

Fresnau, Jos , 3e turcos comp. hors r.   d°

Feys, Henri 75e ligne, 3e b., 6e c. *K. Fr. Caserne. Berlin.*

Foret, Antoine, 75e ligne, 2e b., 6e c.   d°

Foucault, Eug , ?, coup de feu au pied gauche. *Hopital de réserve, Pasewalk.*

Farges, Baptiste-Henri St-Just, ?.   d°

Félix, Louis, St-Chamond, ?. catarrhe.   d°

Fabusau, Jean, Le Dorat, ?,   d°   d°

Fargier, François, 13e ligne. *K. Fr. Caserne, Berlin.*

Froissard, J., 6e ligne, 2e b., 5e c *K.-Fr.-Caserne, Berlin.*

Faucon, Théod., 94e ligne, 3e b., 1re c. *K.-Fr.-Caserne, Berlin.*

Fournier, Jean, 100e ligne caporal, rhumatismes. *Hopital de réserve, Wrietzen.*

Francheteau François, 44e ligne. 2e b., 6e c. *Hopital de réserve, Wrietzen.*

Fallou, Cyrille, 44e ligne, 2e b., 4e c , dyssenterie. *Hopital de réserve, Wrietzen.*

Foulonneau, Jos., 8e lanciers, dyssenterie. *Hopital de réserve, Wrietzen.*

Février, Lucien, Oltingen, ? typhus. *Hopital de réserve, Pasewalk.*

Fremy, Théophile, 2e ligne, typhus *Cologne*, † le 27 Octobre.

Fischer, Nicolas. 22e ligne, typhus. *Cologne*, † le 2 Novembre.

Folescal, Félix, 100e ligne. *Hopital, Caserne 6, Sarrelouis.*

Feulan, Bernard ou Maurice, 28e ligne. *Hôpital, Caserne 6, Sarrelouis.*

Fressard, Jean, 6e chass. *Hopital de réserve, Géra.*

Fièvre, Pierre, 75e ligne, 3e b , 4e c. *K -Fr.-Caserne, Berlin.*

Fey, Edmond, 7e artill. *Hopital de réserve, Oldenbourg.*

Fourney, Arsène, 91e ligne. *Dépôt des prisonniers, Oldenbourg.*

Faure, Mathieu, Brittons ?, Guéri et évacué sur *Stettin.*

Gautier, Louis, 21e ligne, typhus. *Spandau*, † le 29 Octobre.

Gilles, Pierre, 33e ligne. *K.-Fr.-Caserne, Berlin.*

Godol, Aug., 68e ligne, typhus. *Glatz*, † le 3 Octobre.

Golange, Jacques, 74e ligne, typhus. *Neisse*, † le 3 Novembre.

Gouillet, Pierre-Marie, 14e artill., typhus. *Cosel*, † le 13 Novembre.

Grappart, Hippolyte, Arrt de Vitry-le-Franç, garde mobile, typhus. *Glogau*, † le 2 Novembre.

Gaudezel, Marie-Auge, 1er zouaves, typhus. *Coblence*, † le 25 Octobre.

Garlinger, Louis, 4e cuirass., typhus. *Coblence*, † le 26 Octobre.

Godot, Jean, Chassy (Saône-et-Loire), 76e ligne. *Thorn*, † le 6 Novembre, de blessures.

Guého, Henri, (Morbihan), train de la garde, typhus. *Stettin*, † le 26 Octobre.

Guichetot, Pierre, (Vendée), 50e ligne, typhus. *Stettin*, † le 31 Octobre.

Guyard, Pierre, Lucenay-l'Évêque (Saône-et-Loire), 8e cuirass. pneumonie. *Stettin*, † le 1 Novembre.

Grange, Aug., Chatillon, 47e ligne. *Hopital de la gare, Carlsruhe.*

Guillon, M., Machecoul (Loire-Inf.); 99e ligne. *Hopital de la gare, Carlsruhe.*

Guilbert Amédée (Pas-de-Calais), 79e ligne. Guéri et évacué sur *Rastadt.*

Groisgros, Nic., Issy-sur-Flavigny (Côte-d'Or), 79e ligne. Guéri et évacué sur *Rastadt.*

Gravulotte, Eug., 93e ligne, coup de feu à l'aine. *2e Ambulance du 3e corps, Doncourt.*

Glück, Théod.. 44e ligne, chef de mus., *Caserne 6, Sarrelouis.*

Guyon, George, 44e ligne. *Caserne 6, Sarrelouis.*

Gislin, Charles, 59e ligne. *Caserne 6, Sarrelouis.*

Guerrier, Louis, 11e artill., 5e batt. *Caserne 6, Sarrelouis.*

Gerler, Edouard, 44e ligne.   do

Gessau, Jean, 44e ligne.   do

Grosser, Nicolas, 11e artill.   do

Gibis, Pierre 7e chass. à pied 4e c., clairon.   do

Giroux, Pascal 7e chass. à pied, 4e c.   do

Giroux, Abel, 11e artill, 5e batt.   do

Gautier, Louis, Roubaix, 11e ligne sergent major. *Hopital de réserve, Oels.*

Guilhore, Adrien, Castel (B.-Pyr.), 30e ligne. *Hopital de réserve 3, Leipzig.*

Guichard, Jean, Montmars (Isère), 34e ligne, coup de feu à la jambe gauche. *Hopital de réserve 1, Leipzig.*

Gœtz, Jos., Beinheim (B.-Rhin), 8e ligne. *Hopital de réserve 1, Leipzig.*

Grenier, P.-H. Le Cateau (Nord), 6e ligne, coup de feu à la jambe g. *Hôpital de réserve 1, Leipzig*

Guimbreteau, François, Ardelay (Vendée), lanciers de la garde, 2e esc., brigad *Hopital de réserve 1, Leipzig.*

Gallien. Jean, 70e ligne, coup de feu à la jambe gauche. *Hopital Lünebourg*, évacué sur *Hanovre.*

Gautier, Louis-Jos.-Pascal, 99e ligne, sergent-major. *Ambulance, Pont-à-Mousson.* (Evacué.)

Gallier. Jean, 5e lanciers, 6e esc., brigad. *Ambulance, Pont-à-Mousson.* (Evacué.)

Gandon, 94e ligne, zouaves coup de feu aux deux cuisses. *Pont-à-Mousson*, † le 25 Août.

Garcin, Germain, 1er lanciers. 4e esc., *Hopital de réserve, Dessau.*

Gelu, Réné, 10e ligne. *Hôpital de réserve, Dessau.*

Guettat, Benoît. 9e chass. à pied, 2e c. *Hopital de réserve, Dessau.*

Goff, François, St Brieuc, 31e ligne. *Hopital de réserve 1, Leipzig.*

Guillot, Louis, (Allier), 19e artill., caporal. *Hopital de réserve 1, Leipzig.*

Gallois. Louis, Lille, 96e ligne. *Hopital, Rastadt.*

Guerbert, Jean, Biesheim, franc-tireur *Hopital Rastadt.*

Guillaume, Ernest 3e hussards. *Hopital, Rastadt.*

Gubineau, Pierre, Fontaine (Loir-et-Cher), 8e ligne coup de feu à la tête. *Neudorf*, † le 26 Août.

Galocher, François, Roufiaquel, 1er zouaves. *Rastadt* † le 2 Novembre.

Gross, Max, Osthofen garde mobile. *Hôpital de varioliques. Rastadt.*

Gardéres Jean, Lugos, 2e ligne. *Hopital de réserve 2, Leipzig.*

Gonjon, Jean, St-Bazeille, 2e zouaves, Evacué sur le *dépôt des prisonniers, Dresden.*

Guillaume, Alphonse, Petit-Beruan, 56e ligne. *Hopital, Rastadt.*

Gutfreund, Joseph, Gambsheim, garde mobile.   do

Guitton, Jean-Pierre, Héric, 18e ligne.   do

Girard, François, Urbeis, 1er train.   do

Gegrand Arsène. Tronchoy, 21e ligne, caporal.   do

Gouffière, Louis, Brussieul, garde mobile, caporal.   do

Gut, Philippe, Sarre-Union, garde mobile.   do

Gress, Edouard, Robertsau, garde mobile.   do

Gaspard, François, 83e ligne. *Hopital de réserve, Dessau.*

Göllner, Jacques, Bischwiller. garde mobile. *Hopital des varioliques, Rastadt.*

Gruss, Victor, Metzenhausen,   d°   d°

Giraud, Martin Alf., 97e ligne. *Hopital militaire, Berlin.*

Guelgue, Jean-Fr., 29e ligne.   d°

Garsoir, François, 24e ligne.   d°

Goubin, Alex-Aug., 26e ligne, sergent, coup de feu à la poitrine. *Houconcourt* † le 9 Octob. c.

Guilard, Ernest, 5e dragons, 4e esc. *Hopital, Caserne 6, Sarrelouis.*

Gallin, Ernest, 1er génie, 12e c.   d°

Garlé, Louis, 29e ligne.   d°

Genvux, Jos., 12e ligne, *Hopital de réserve Halle.*

Guibert, Joseph, 34e ligne.   d°

Gazelle, François 6e ligne.   d°

Guy. Albert, 9e ligne.   d°

Goudet, Baptiste. 10e ligne.   d°

Guérin Pierre. 10e ligne.   d°

Gaigne. Joseph, 10e ligne   d°

Guittel François, 10e ligne.   d°

Grésil, Etienne, 10e ligne.   d°

Gœtz, Jean. 75e ligne, caporal.   d°

Garaud, Adrien, 91e ligne.   d°

Gatris, Auguste, 93e ligne.   d°

Guinord Jules, 40e ligne.   d°

Gontard, Antoine. 53e ligne.   d°

Genz, Jos., 44e ligne. *Hopital, Caserne 6, Sarrelouis.*

Gillau, Louis, 1er artill., 8e batt.   d°

Gothin Isidore-Louis, 33e ligne.   d°

Grassel, Antoine, 99e ligne.   d°

Gibert, Emmanuel, 17e artill., 1re batt. *Hopital, Caserne 6, Sarrelouis.*

Gotschy, Nicolas 11e chass., 6e c.   d°

Gagnon, Denis, 64e ligne.   d°

Gau, Emile, 65e ligne.   d°

Gurlard, Ernest, 5e dragons. 4e esc.   d°

Garlé, Louis, 29e ligne.   d°

Guibert. Louis-Bruno, Valence (Drôme), 43e ligne, sergent, coup de feu au doigt. *Hopital Ste-Barbara, Trèves.*

Garcin, Joseph, 8e ligne, *Hopital de réserve, St-Wende.*

Gorolin, Alfred, 21e ligne, Evacué de *Hanovre à Minden.*

Guillot, Jean, 40e ligne.   d°

Grand, Charles, Nancy, 35e ligne, caporal, coup de feu à la joue. *Versailles,* † le 22 Octobre.

Georgon Jean-Louis, gendarmerie, rhumatismes. *Hopital de réserve 1, Cassel.*

Guéry. François, 62e ligne, coup de feu au pied gauche.   d°

Guérin, Pierre, (Mayenne), 30e ligne, 2e b., 6e c., coup de feu à la jambe droite. *Dépôt des prisonniers, Leipzig.*

Griesel, Alfred, 75e ligne, *Kaiser-Franz-Caserne, Berlin.*

Garbetz. François, 75e ligne, 1er b., 6e c. *Kaiser-Franz-Caserne, Berlin.*

Gamerre, Joseph, 9e dragons.   d°

Godefroy. Math., 1er train, 10e c. maréchal-des-logis.   d°

Giraud, Pierre, 5e chass., 6e c.   d°

Galliec. Pierre, 10e chass., 3e esc.   d°

Gendelbach, Pierre, 15e artill., 5e batt.   d°

Guerdin Auguste, 91e ligne, 3e b., 1re c.   d°

Gabriel, Antoine, ? *Hopital de réserve, Pasewalk.*

Gerlin, Henri, St-Gervais, ? fièvre gastrique. *Hopital de réserve, Pasewalk.*

Gouret, Maxime, 65e ligne, 2e b., 5e c. *Kaiser-Franz-Caserne, Berlin.*

Grivat, Joseph, 2e chass. d'afrique, 1er esc., dyssenterie. *Hopital de réserve, Wrietzen.*

Gagneux, Emile 57e ligne, 1er b., 4e c. bronchite. *Hôpital de réserve, Wrietzen.*

Gilard, Ernest, 8e dragons, 4e esc.   d°

Grumhorn, Antoine, 69e ligne, musicien, rhumatismes.   do

Gerlé, Jean, 60e ligne, 2e b., 6e c., rhumatismes.   do

Guilloux, Aug , 44e ou 71e ligne, 3e b , 6e c., rhumatismes.   d°

Guit, François, 79e ligne, fièvre. *Hôpital de réserve, Oldenbourg.*

Gubeaud, Pierre, 51e ligne, rhumatismes. *Hôpital de réserve. Oldenbourg.*

Guston, Const., 44e ligne, blessé au pied gauche. *Hôpital de réserve, Wrietzen.*

Guenot, Louis. 99e ligne, rhumatismes.   d°   *Oldenbourg.*

Girard Jean, 89e ligne,   d°   d°   d°

Gorget Jean, 79e ligne, dyssenterie. Guéri au dépôt des prisonniers, *Oldenbourg.*

Glastre, 40e ligne.   d°

Gabory, Eugène, 83e ligne, rhumatismes.   do

Grcusseau, Pierre, 79e ligne catarrhe pulm. *Hôpital de réserve, Oldenbourg.*

Gavin, Lazare 82e ligne, fièvre.   do

Gobboy, Jean, 8e chass., dyssenterie.   do

Germain Alex, 83e ligne,   d°   do

Graverand, Joseph Elbeuf ? cap., blessé d'un coup de feu. *Hôpital de réserve, Pasewalk*

Gayot, Paul-Alexis Paris.   do

Guenin, Isidore Romorantin ? blessé d'un coup de feu.   d°

Grasset, Jean-Bapt , Lespéron, ? amputé du bras droit.   do

Grandelas, 91e ligne catarrhe. Guéri au dépôt des prisonniers, *Oldenbourg.*

Gobin, 3e zouaves, dyssenterie.   d°

Gaschelle, 91e ligne, clairon.   do

Gacon, Léon, 91e ligne. Guéri et évacué sur *Minden.*

Gautier, Jean, Pigny, ? dyssenterie. *Hôpital de réserve, Pasewalk.*

Goniller, Villers, ?   d°

Grundin, Jules. 7e artill., petite-vérole. *Cologne*, † le 25 Octobre.

Golle, Aug., 1er ligne, fièvre. *Cologne*, † le 2 Novembre.

Gonod, Jos.-Ant.. 1er génie. typhus. *Cologne*, † le 6 Novembre.

Georges Nicolas. 1er génie, pneumonie. *Cologne* † le 7 Novembre.

Girard, Jos., 17e artill., phthisie. *Cologne*, † le 9 Novembre.

Geins, Jos , 4e lanciers, typhus. *Cologne*, † le 7 Novembre.

Goupit Isidore, 17e chass. typhus. *Wittenberg*, † le 6 Novembre.

Guceg, Jean. 39e ligne, typhus. *Mayence*, † le 9 Novembre

Goulard, Jean, la Bussière, 4e ligne, 2e b., 2e c., sergent, blessé d'un coup de feu. *Hôpital de réserve, Sp re.*

Grégoire, Adolphe, 3e grenadiers de la garde 6e c. *Hôpital de réserve, Halle.*

Gardet, Antoine, Ussel (Corrèze), 100e ligne, coup de feu à la jambe. Guéri, au dépôt des prisonniers, *Leipzig.*

Gavard, Alfred, (Haute-Savoie), 37e garde mobile. Evacué de *Sorau à Glogau.*

Guhur Pierre, 91e ligne, 3e b., 1re c. *K.-Fr -Caserne, Berlin.*

Gimbert, 91e ligne, dyssenterie. Dépôt des prisonniers *Oldenbourg.*

Gerber, Antoine. St-Jean garde mobile. *Hôpital des varioliques, Rastadt.*

Giraud, Mart.-Alf. 97e ligne. *Hôpital militaire, Berlin.*

Hédeux, Julien, 7e artill., typhus. † le 7 Novembre, *Wesel.*

Hutin, Louis. 1er train d'artill. *6e ambulance du 10e corps, Ladonchamp.*

Hautier Max, S.ine-et-Marne, 35e ligne. Carlsruhe. Evacué sur *Rastadt.*

Hopper, Nicolas, 1er ligne, coup de feu à la joue. *2e ambulance du 3e corps, Doncourt.*

Hennebel, Gust., 2e ligne, coup de feu à la bouche. *Hôpital, Butzow.* Evacué sur *Stettin.*

Hürth, Louis, Colmar, 10e chass. à p.. 1e c. coup de feu à la cuisse gauche. d°

Hudeline Louis-Touss.. Marcoussy (Seine-et-Oise), 4e ligne, typhus. *Hôpital de réserve 1, Leipzig.*

Hucbourg, J.-B.-J., Brandeville, 8e ligne.   do

Houdin, L.-Ph., Hayé (Ardennes), 8e ligne. *Hopital de réserve 1, Leipzig.*

Hutter, Félix, Levallois-Perret, 1er génie. do

Hacque, Pierre, Grayen (Mayenne), 11e artill. do

Helber, Charles, Paris, 84e ligne. *Hopital de réserve, Gotha.*

Hill, Louis, Strasbourg. 3e chass. à p., 1e c., coup de feu au ventre et à la tête. † le 17 Août, *Neudorf.*

Hurier, Isidor, 9e train d'artill. *Hopital de réserve. Dessau.*

Hery, Edouard, 53e ligne, caporal. do

Haye, Adolphe, 1er ouvr. d'adm. do

Humbert, Edmond, Metz, 3e zouaves, caporal. *Ambulance 9, Rastadt.*

Hater, Aug. Tormay près St-Nicolas. *Hopital Sorau.* Guéri et évacué par *Hansdorf.*

Hammer, Henri, Robertsau, garde mobile. † le 22 Octobre, *Rastadt.*

Hochenedel, Jean, Battenheim, garde mobile. *Hopital des varioliques, Rastadt.*

Heng, Georges, Reitenbourg, garde mobile. † le 29 Octobre. do

Haltz, Nicolas. Bussendorf, garde mobile. *Hopital des varioliques.* d•

Hiss, Mathias Griesheim, douanes. do do

Horn, Gabriel, 2e ligne. *Hopital de réserve 2, Leipzig.*

Hunlin, Aug., Preval, 2e ligne. do

Hamon, Jean, 45e ligne, petite vérole. Guéri au dépôt de prisonniers, *Dresden.*

Heck, Charles, Strasbourg, garde mobile. *Ambulance, Rastadt.*

Hugonnier, François, Chambéry, 96e ligne, caporal. *Ambulance. Rastadt.*

Haiss, Joseph, garde mobile, do

Hettler, Pierre, Strasbourg, douanes. do

Heck, Pierre, Burbach, garde mobile. do

Hermann, Frédéric, Strasbourg, garde mobile. do

Heckler, Charles, Saverne, garde mobile. *Hopital des varioliques, Rastadt.*

Horner, Jos., Schönbourg, garde mobile. do

Houailler, Louis-Jean, Sassay (Manche), 26e ligne, coup de feu au cou. † le 16 Octobre, *Houconcourt.*

Havar, Charles, canton de Guines (Pas-de-Calais), 12e ligne, 2e b.. 3e c., coup de feu au pied gauche. *Hopital de réserve, Spire.*

Hamelin, Théophile, 12e ligne. *Hopital de réserve, Halle.*

Hickel Charles, 34e ligne. do

Hée, Pascal, 2e artill. do

Humbert, Joseph, 6e ligne. do

Hervé, Toussaint, 10e artill., 6e batt. do

Haron, Vincent, 11e ligne. *Hopital de réserve. Halle.*

Houarey, Pierre, 75e ligne. do

Hauroux, Jean, 34e ligne. do

Havary, Jean, 57e ligne. do

Hervieu, Auguste, 70e ligne. do

Hurin, Jean-Louis. 1er drag., 3e esc. *Hôpital, caserne 6, Sarrelouis.*

Henle, Julien, 26e ligne. do

Huot, Antoine, 93e ligne. *Hopital de réserve, Halle.*

Huart, Alexandre, 94e ligne. do

Henry, Ernest, 94e ligne. do

Hubert, Pierre-Jules, 44e ligne. do

Husser, Maximin, Illhaensenau, 16e artill. *Hopital de réserve, Schweidnitz.* Guéri.

Haemmerle, Rupert, Nieder Haslach, 18e ligne. do do

Houselle, Sébastien, 95e ligne. *Ambulance, Villeneuve-St-Georges.*

Heitz, Math., 68e ligne. Guéri et évacué de Hanovre sur *Minden.*

Haupaix, Domingo, Bois-Yvon, 65e ligne. *Hopital de réserve, Sorau.*

Hérau, François, Morlaix, 12e ligne. *Hopital de réserve, Schwetzingen.*

Hurlé, Jacques, 1er ligne. 1er b., 5e c. *Hopital, Kaiser-Franz Caserne, Berlin.*

Harron Louis, 75e ligne. 2e b., 4e c., clairon. do

Hurelle, Edouard. 54e ligne, 2e b., 2e c. do

Hartmann, Jos., 41e ligne, caporal. *Hopital de réserve, Wrietzen.*

Huet, François, 12e ligne, 2e b., 2e c., bronchite. do

Houssard, Henri Feuillant, ?, typhus. *Hopital de réserve, Pasewalk.*
Hugues, César, 18e ligne, typhus. † le 12 Novembre *Glogau.*
Hamont, Mathurin, 7e artill., dyssenterie. † le 24 Octobre, *Cologne.*
Hamon, Jean-Math , 7e artill , pneumonie. † le 10 Novembre, *Cologne.*
Herrgott, Etienne, 7e cuirass , 4e esc. *K.-Fr. Caserne Berlin.*
Hamedi ben Ahmet, 2e turcos, *Hopital de réserve, Oldenbourg.*

Ivernon, François 47e ligne. Evacué de *Carlsruhe à Rastadt.*
Ipisson, Jean, 58e ligne. *Hopital de réserve, Halle.*
Idiard, 91e ligne. Guéri, au dépôt des prisonniers, *Oldenbourg.*

Joiroz, Daniel, 25e ligne, typhus. *Coblence,* † le 30 Octobre.
Jolie, Michel, Brussy, Loiret, franc-tireur, typhus. *Stettin,* † le 28 Octobre,
Joly, Séraphin, Pontoise, 1er chass *Hopital de la gare, Carlsruhe.*
Joseph, Paulus, Herlisheim, 94e ligne, caporal, coup de feu à la cuisse. *St-Marie-aux-Chênes,* † le 26 Septembre.
Join, Constant, 40e ligne, coup de feu au côté droit. Evacué de *Butzow à Stettin.*
Join, 43e ligne [mutilation de la cuisse gauche. *Doncourt,* † le 26 Août.
Jammet, Louis, Roquebrune (Gironde), 95e ligne. *Hopital de réserve 1. Leipzig.*
Jamet, Jean-Bapt., Raze (H.-Saône), 16e artill., 6e b. Guéri en *Caserne, Leipzig.*
Joret, J.-F.-P., Roz-sur-Couesnon (Ille-et-Vil.), 3e grenad. de la garde, typhus. *Hopital de réserve 1, Leipzig.*
Jeandel, Aug., Senones (Vosges), 8e ligne. *Hopital de réserve 1, Leipzig.*
Jocquet, Etienne Nancy, 40e ligne, coup de feu à la tête. *Neudorf,* † le 26 Août.
Juteau, Louis, 34e ligne. *Hopital de réserve, Dessau.*
Jean, François, 14e ligne, 2e batt. *Hopital de réserve, Dessau.*
Jacquin, Pierre, 19e artill. *Hopital de réserve. Dessau.*
Jung, Michel, Leutenheim. garde mobile. *Rastadt,* † le 6 Octobre.
Jean Jean, Millau, 61e ligne. Au dépôt des prisonniers, *Dresden.*
Jesel, Henri, Dächlingen, garde mobile. *Ambulance, Rastadt.*
Jung, Jean, Obermondron, garde mobile. do
Joetta, Joseph, Dambach, gendarme. do
Janin, Edmond, Paris, marine. do
Jamin, François, artill. de la garde. *Hopital militaire, Berlin.*
Jacques, Jérôme, 10e ligne. do
Jourdy, Georges, 81e ligne. *Hopital, Caserne 6, Sarrelouis.*
Joux, Pierre, 28e ligne. *Hôpital de réserve, Halle.*
Joly, Alfred, 1er artill. 10e batt. do
Joignan, Marius, 75e ligne. do
Jacob, Barth., 75e ligne, sapeur. do
Janvier, Louis, 33e ligne. *Hôpital, Caserne 6, Sarrelouis.*
Jeana, Joseph, 54e ligne. do
Jouan, Thomas, 94e ligne, musique. do
Jonet, Mathurin, 76e ligne. Guéri et évacué de *Hanovre* sur *Minden.*
Jourdy, Antoine, 12e ligne, sergent-fourrier. *6e Ambulance du 7e corps à Villeneuve-St-Georges.*
Jaquot, 3e zouaves, commandant, coup de feu à la poitrine et au ventre. *Versailles,* † le 22 Octobre.
Jarrige, Jacq., 91e ligne, 3e b , 5e c. *Hopital, K.-Fr.-Caserne, Berlin.*
Jaulain, Alexis, 91e ligne, 3e b., 2e c. do
Jausse, François, 91e ligne. do
Jaffrelot, Jean-Pierre, 91e ligne 2e b., 5e c. do
Julien, Joseph, 75e ligne, musique. do
Joseph, Jean, 4e artill., 12e batt., rhumatismes *Hopital de réserve, Wrietzen.*

Julien, Jean, 45e ligne. *Hopital de réserve, Oldenbourg.*
Jacquet, Jean, garde mobile.   do
Jacquet, Emile, 94e ligne,   d°
Jeanne, Léopold. 7e artill , typhus. *Cologne*, † le 6 Novembre.
Jannot, Pierre 45e ligne sergent-fourrier, typhus. *Spandau*, † le 11 Novembre.
Jillon. Louis, Châtillon (Côte-d'Or), 8e ligne. typhus *Glogau*, † le 13 Novembre.
Jacques, Charles, Neuville (canton-de-St-Dié), 7e chass., dyssenterie. *Thorn*. † le 12 Novembre.

Kassi ben-Soliman, Alger, 1er turcos. Evacué de *Carlsruhe à Rastadt.*
Karsch, Charles, 51e ligne. *Hopital, Caserne 6, Sarrelouis.*
Kernoret J.-Marie, 44e ligne   do
Kessler, Jacq., 4e artill.   do
Kœnig, Louis-Phil , 29e ligne.   do
Klein, Henri, Hatten, 48e ligne. *Ambulance, Rastadt.*
Krætz, Joseph, Benfeld, 13e chass. à pied. *Ambulance, Rastadt.*
Keusch, Michel Strasbourg, 3e ligne. *Rastadt* † le 24 Août.
Klein, Joseph. Schleidau, garde mobile. *Ambulance, Rastadt.*
Korn Aug., Willwisheim, 16e artill., pontou, maréchal-des-logis. *Ambulance, Rastadt.*
Kaith, André. Batzendorf, garde mobile. *Ambulance, Rastadt.*
Krug, Aug., Strasbourg,   do   do
Kleis, Georges, Ingweiler,   do   do
Klink, Edouard, Strasbourg,   do   do
Kaus, Georges Flicksbourg,   do   do
Knotterer, Edm.. Strasbourg, do   do
Kniefer. Jean, Hochoft,   do   do
Koppel. Adolphe,   do   do
Klopfstein, Ph., Reiperswiller, do   do
Kunz, Théodore,   do   do
Klein, Alfred. Mulhouse,   do   do
Klier, Georges, Flexbourg,   do   do
Klotz Laurent, Inswiller   do   *Hopital des varioliques, Rastadt*
Kony. Eug , Strassbourg,   do   do
Kreiner, Henri, Bischwiller   do   do
Klein, Michel, Watzenau, douaniers.   do
Käher, Jos., Gerswiller, garde mobile.   do
Krest, Louis, 81e ligne. *Hopital, Caserne 6, Sarrelouis.*
Kervella, Réné, 12e ligne. *Hopital de réserve, Halle.*
Keller. Georges, 93e ligne, caporal.   do
Kergerlès, Jean-Marie, 73e ligne   do
Kahen, Jean-Marie, 10e ligne. *Hopital. Caserne 6, Sarrelouis.*
Kanay, Joseph, 93e ligne. *Hopital de réserve, Halle.*
Kernoret Jean-Marie, 44e ligne *Hopital. Caserne 6, Sarrelouis.*
Kimmerlé Charles, Neudorf, 18e ligne. *Hopital de réserve, Schweidnitz.* (Guéri.)
Krœf, Henri 17e artill , 5e batt. *Hopital, Kaiser-Franz-Caserne, Berlin.*
Kaste, Théodul , 64e ligne, 2e b., 5e c.   do
Kræmer, Joseph, 43e ligne 3e b., 5e c.   do
Kambeitz, P., 2e chass. à pied, 6e c. brigadier, rhumatismes. *Hopital de réserve, Wrietzen.*
Kast, Martin, Obersenbach, ? fièvre gastrique. *Hopital de réserve, Pasewalk.*

Leroy, Clément, Freny (Nord), 37e ligne, typhus † le 30 Octobre, *Glogau.*

Laurent, Léonce, 34e ligne, musicien 1ère cl , fièvre gastrique † le 22 Octobre, *Wittenberg.*

Lamotte Jean, 58e ligne, paralysie du cerveau. † le 25 Octobre, *Wittenberg.*

Leroy, Edouard, 72e ligne, dyssenterie. † le 31 Octobre, *Mayence.*

Laurenz, Laurent, 61e ligne, dyssenterie. † le 1er Novembre, *Neisse*

Lavigne, Charles, 58e ligne, typhus. † le 4 Novembre, *Spandau.*

Laigre, Victor, 42e ligne, typhus. † le 3 Novembre, *Mayence.*

Labry, Toussaint, 61e ligne, typhus. † le 4 Novembre, *Torgau.*

Letellier, Charles-Désiré, 1er zouaves, pet.-vérole. † le 23 Octobre, *Coblence.*

Leterrier, Emile, 14e ligne, sergent, typhus, † le 28 Octobre, *Coblence.*

Lengrand, Henri, 16e artill., pet.-vérole. † le 29 Octobre, *Coblence.*

Lotte, Théodore, Strassbourg, 96e ligne, sergent, typhus. † le 8 Novembre, *Posen.*

Lesseur, Ernest, (Somme), franc-tireur, typhus. † le 25 Octobre, *Stettin.*

Lemure, Jean, Brest, 19e artill., typhus. † le 1er Novembre, *Stettin.*

Lardar-ben-Adia, 2e turcos. *Hôpital de réserve, Schwetzingen.*

Labonne, Pierre, Mamaud (Lot-et-Gar.), 72e ligne. Evacué *de Carlsruhe à Rastadt.*

Laffougire, Giraud, Layrac (Lot-et-Gar.), intendance, sous-officier. *Maison des diaconesses Braunschweig.*

Laroge, Jacques, 100e ligne. *Hôpital de réserve, Oppeln.*

Louis, Guill., 4e artill. 7e batt. *Caserne 6, Sarrelouis.*

Lavixier, François, 71e ligne.   do

Lory, Félix, 59e ligne.   do

Lattey, Bernard, 27e ligne, sergent.   do

Lemercier, Pierre, St-Malo, 1er artill., coup de feu à la jambe gauche. † le 30 Août, *Ste-Marie-aux Chênes.*

Le Comte, Léon-Ad., (Eure), 94e ligne, coup de feu à la jambe gauche. † le 4 Octobre, *Ste-Marie-aux-Chênes.*

Le Maître, Alfred, Crevecœur (Nord), 57e ligne, coup de feu à la jambe gauche. † le 7 Octobre *Ste-Marie-aux-Chênes.*

Lorche, Jean, Fort-Louis (B.-Rhin), 9e ligne, coup de feu à la jambe droite. † le 9 Octobre, *Ste-Marie-aux-Chênes.*

Langlois, Louis, Metz, 8e chass. à pied, 6e c., coup de feu au côté gauche. † le 31 Août. *St-Hilaire.*

Lefèvre, Louis-Alph., 17e artill. Evacué de *Goslar à Hanovre.*

Larrage, L., 23e ligne, coup de feu à la cuisse gauche. Evacué de *Butzow à Stettin.*

Lemoyne, Marc, 57e ligne, caporal, coup de feu à la jambe gauche. † le 5 Octobre, *Doncourt.*

Levelut, Jean, St-Fréon (Creuse), 62e ligne. *Hôpital de réserve 1, Leipzig.*

Loident, Louis, (Aisne), 21e ligne. Evacué sur *l'hôpital St-Jacques, Leipzig.*

Labatut, Dieudonné, Limoux (Aude), 10e ligne, caporal, coup de feu à la cuisse. *Hôpital de réserve 1, Leipzig.*

L'hirider, Raymond, Louannec (Côtes-du-Nord), 62e ligne, coup de feu au pied. *Hôpital de réserve 1, Leipzig.*

Lodé, Jean, (Loire-Inf.), 11e ligne, blessé. *Hôpital de réserve 1, Leipzig.*

Lejuerney, L.-A., Argentan, 23e ligne.   do

Le Terneo, Yves-Marie, (Morbihan), 8e ligne, typhus.   do

Lemarchand, P.-A., Flers (Orne), 8e ligne.   do

Leneveu, Alex, Beaumont (Manche), 54e ligne.   do

Levy, Edm.-Jean, Paris, 10e chass. à p., caporal.   do

Leroux, Hippolyte-François, 10e chass. à p., typhus. † le 12 Novembre, *Torgau.*

Loye, Napoléon-George, 10e ligne. *Hôpital, Caserne 6, Sarrelouis.*

Leturey, Paul, (Nord), 1er cuirass., 4e esc., coup de feu à la tête. *Hôpital de réserve 1, Leipzig.*

Lemaire Félix, 61e ligne. † le 9-Octobre, *Pont-à-Mousson.*

Latarde, Jean, 72e ligne. *Ambulance, Pont-à-Mousson.* (Evacué.)

Luce, Charles, 88e ligne.   do   do

Larbuy, B., 1er chass. à p., 2e c.   do   do

Lubineau, P., Fontaine (Loir-et-Cher), 8e ligne, coup de feu à la tête. † le 4 Novembre, *Neudorf.*

Lecoq ou **Locog**, Isidore, 2e artill., 9e batt. *Hopital de réserve, Dessau.*

Labatut, Jean, 53e ligne.   do

Lepage, François, 62e ligne.   do

Landay, Paul, 34e ligne.   do

Lanois, Abel, 10e artill.   do

Laurienne, Simon, Fabas (Ariège), 3e ligne, 2e b., 2e c., coup de feu à la jambe gauche. *Hopital, baraques 6. Mannheim.*

Loiseau, Jules, Douai, 66e ligne, 1er b., 1re c. coup de feu à la poitrine et au visage. *Hopital, bar. 6, Mannheim.*

Lecordieu, Victor-Aug., Mortain, 47e ligne. *Ambulance 9, Rastadt.*

Ledorlot, François, Lignol, 64e ligne, caporal. *Ambulance 9. Rastadt.*

Lejeune Jules, Nancy, garde mobile. *Hopital, Sorau* (Évacué par *Hansdorf.*)

Londouse Louis, Madic, 48e ligne. † le 25 Août, *Rastadt.*

Lafosse, Eugène, Fignécourt 17e chass. à p. † le 17 Septembre, *Rastadt.*

Lavatière, Jos., Mur, 3e zouaves. † le 2 Octobre, *Rastadt*

Laedrès, Ferd., Chambéry, 16e chass. à pied. † le 14 Octobre, *Rastadt.*

Locoq, Jean-Bapt., Ouveraie, 9e artill. † le 28 Octobre, *Rastadt.*

Le Floch, Jules-Marie, St-Barnabé, 1er grenadiers de la garde (?) *Hopital de réserve 2, Leipzig.*

Lopin, Pierre, Niol, 1er chass. à pied. *Ambulance, Rastadt.*

Laurent, François, Luchon, 16e artill.   do

Lagrell, Jean. Sevelingen, 18e ligne.   do

Leininger, Michel, Wengersheim, garde mob. do

Lavergne, Jules, Albi, garde mobile   do

Lohner, Antoine, Strasbourg, garde mobile   do

Leray, Pierre-Marie, Campeneac (Ploërmel), 2e ligne. *Hopital de réserve 2, Leipzig.*

Larvies, M., Itenheim, 2e ligne. *Hopital de réserve 2, Leipzig.*

Laporte, Pierre, 94e ligne. *Hopital de réservé, Pont-à-Mousson.*

Lantermier Louis, Dôle, 87e ligne. *Hopital des varioliques, Rastadt.*

Limonge, Nerones, garde mobile.   do

Lauvergne, François, artill. de la garde. *Hôpital militaire, Berlin.*

Leduc, Jean-Aug., 18e chass., 6e c. *Hopital, Caserne 6, Sarrelouis.*

Laville Antoine. 81e ligne.   do

Lavergeon, Jean. 41e ligne.   do

Legoffe, Ives 9e ligne, tambour.   do

Le Comte, Alphonse, Paris. 8e artill., 8e batt., contusion à la hanche gauche. *Hop. de rés., Spire.*

Leclaire Réné, Venouelle (Nord), 93e ligne, 1er b., 4e c., coup de feu à la cuisse gauche. *Hopital de réserve, Spire.*

Lorence, Joseph, 7e ligne. *Hôpital, Caserne 6, Sarrelouis.*

Laumaille, Pierre-Julien, 31e ligne, dyssenterie. † le 31 Octobre. *Cologne.*

Laurent, Al.-Pierre, 61e ligne, dyssenterie. † le 10 Novembre, *Cologne.*

Lemart, Jean-Bapt., 44e ligne. *Hopital, caserne 6, Sarrelouis.*

Leclère, Joseph ou Jules, 81e ligne.   do

Levadeux, B., 21e ligne. *Hopital de réserve, Halle.*

Laffond, Pierre, 25e ligne, sergent.   do

Leblond, Jules, 28e ligne.   do

Lacoste, Justin, 34e ligne.   do

Leportier, Albert 34e ligne,   do

Lassalle, Jean, 3e cuirass., brig.   do

Lomagnan, Louis, 10e ligne.   do

Lebrun Pierre, 73e ligne.   do

Lambert, Jacques. 83e ligne.   do

Lafond, Jean, 89e ligne.   do

Letang, Léonard, 91e ligne.   do

Leclerc, Charles, 70e ligne.   do

Lucas, François, 73e ligne.   do

4

Lorenz, Fréd.-Georges, 57e ligne, musique. *Hopital, Caserne 6, Sarrelouis*

Laroche, Nicolas, 10e ligne   do

Lidar, Jean-Bapt., 19e ligne.   do

Laley, Ambroise, 41e ligne.   do

Lehrmann, Joseph, 13e ligne.   do

Louis, Elie, 9e chass.   do

Lobrin, Charles, 64e ligne.   do

Lecomte, Florestan, 65e ligne.   do

Lottin, Alexandre, 4e drag., 5e esc.   do

Lang Michel, 14e ligne, fièvre gastrique. *Hopital de réserve, Schweidnitz.*

Ludwig, Joseph Bennwiller, 16e artill., fièvre gastrique. do.   Guéri.

Larieste, Aug., 95e ligne. *7e ambulance du 6e corps, Villeneuve-St-Georges.*

Letort, Louis, 91e ligne.   do

Laurent Pierre, 86e ligne.   do

Luttenauer, D., Steinbach, 2e drag., 4e esc Evacué de Trèves à *Coblence.*

Lefèvre, A., 17e artill., 5e batt. *3e Hopital de réserve, Hanovre.*

Leverrier, François, 73e ligne, rhumatisme. *Hopital de réserve 1, Cassel.*

Lavaulx (de), Louis, Paris, 7e hussards brig. *Hopital des Franciscaines, Trèves.*

Lion (de), François, 24e ligne. *Hopital des Frères, Trères.*

Leguillot, Yves, 91e ligne. *K.-Fr. Caserne, Berlin.*

Legueux, Eug., 33e ligne.   do

Lecoq, Louis-Ernest, 75e ligne, sous-officier. *K.-Fr.-Caserne, Berlin.*

Liger François, 75e ligne, 2e b., 4e c.   do

Lang, Eug., 26e ligne. *K.-Fr.-Caserne, Berlin.*

Le Lay, Jean-Marie, 2e ligne, dyssenterie. † le 30 Octobre. *Cologne.*

Laumar, Math., Solignac, 68e ligne, coup de feu à la main droite. Evacué sur le dépôt des prisonniers. *Leipzig.*

Lafond, Pierre, 20e chasseurs, 2e c. *Hôpital, K.-Fr.-Caserne, Berlin.*

Legrand, Jean, 54e ligne, 3e b., 5e c.   do

Lavie, Joseph, 28e ligne.   do

Leclère, Alphonse, 26e ligne, 1er b., 4e c.   do

Laurence, Eug.-Etienne, 3e génie, 3e c.   do

Lanier, Arsène, Biards, typhus. *Hopital de réserve, Pasewalk.*

Landes, Joseph, St-Bardin.   do

Lemoing, Jean-Louis, 2e chass., 1e c. *Hôpital, K.-Fr.-Caserne, Berlin.*

Leblond, Alexis-Louis, 90e ligne, 3e b, 2e c.   do

Laurent, Michel 43e ligne, 3e b., 3e c., caporal.   do

Lauvrain, Louis, 26e ligne, 3e b. 3e c.   do

Lagrange, Gustave, 7e hussards, 6e esc.   do

Laplace, Math., 100e ligne, caporal, rhumatisme. *Hopital de réserve, Wrietzen.*

Lecrivain, Jacq., 8e artill., 8e batt, rhumatisme.   do

Levy, Salomon, 8e artill., 8e batt., bronchite.   do

Lacher, Louis-Georges, 11e artill., 11e batt., rhumatisme.   do

Lansac, Pascal, Lorbes, 20e artill. *Hopital de réserve 2, Sachsenhausen.*

Lucas, François 9e ligne, 3e b, 4e c. *Hôpital de réserve, Wrietzen.*

Léotard, Jules-Guche, 9e ligne, 3e b., 2e c., caporal. do

Ledrou-Mader, Jean, 2e dragons, 5e esc.   do

Leborgne, Jules, 10e ligne, 2e b., 1e c.   do

Lainé, Emile, 58e ligne. *Hopital de réserve, Oldenbourg.*

Léternay, B., 89e ligne.   do

Liese, Ed., 22e ligne.   do

Lebreton, Victor, 89e ligne.   do

Lauvet, Charles, 8e chass.   do

Laroussy, Célestin, 72e ligne.   do

Lallemand, 79e ligne, rhumatisme. Guéri, au dépôt des prisonniers, *Oldenbourg.*

Leblanc, 83e ligne, fièvre intermittente.   do

Leclaire, Lucien garde mobile, rhumatisme *Hopital de réserve, Oldenbourg.*
Lamand, Ant , 40e ligne, caporal, rhumatisme   do
Lebourtot, Mathurin, 52e ligne, gastrite.   do
Luizat Vincent, 24e ligne catarrhe.   do
Lienhardt, Jos., garde mobile, gastrite. Guéri et évacué sur *Lingen.*
Lelièvre, Emile, dyssenterie. *Hopital de réserve, Oldenbourg.*
Laval, Etienne, 49e ligne.   do
Layron, Guillaume, Cardrey ? catarrhe pulmonaire *Hôpital de réserve, Pasewalk.*
Lebocq, Louis ?, typhus.   do
Lequet, Octave, St-Amand, ?, fièvre gastrique.   do
Lalande, Henri, St-Denis, ?,   do   do
Lagrand Joseph, Aucoq, ?,   do   do
Lecerf, B., Maures, ?,   do   do
Lannay, Henri, ? chass., catarrhe pulmonaire.   do
Lafloqu. A.   St-Christophe, ?, typhus.   do
Laroque, Jean, Montauban, ?, typhus.   do
Lemestre, Pierre-Réné, Nantes, ?, fièvre gastrique.   do
Luret, Gabriel 35e ligne, petite-vérole. † le 9 Novembre, *Mayence.*
Langour, Charles, 93e ligne. *Hopital de réserve Halle.*
Lebonnois Aug., 41e ligne, 2e b., 6e c., catarrhe *Hopital de réserve, Wrietzen-a /O.*
Lot in, Alexandre, 4e dragons, 5e esc.   *Hopital de réserve 6, Sarrelouis.*
Loustan, Pierre, Biarritz, ? coup de feu à la jambe. *Hopital de réserve, Pasewalk.*

Madurey, Tranquille, ouvr. d'adm. *Hôpital. Caserne 6, Sarrelouis.*
Mutterer, Joseph, 58e ligne, typhus. † le 31 Octobre, *Spandau.*
Michaud, Charles, 20e ligne, typhus.† le 31 Octobre,   do
Monnier, Alexandre, Florent (Maine-et-Loire) 88e ligne, typhus † le 30 Octobre, *Posen,*
Misler, Louis, 18e ligne, petit-vérole. † le 31 Octobre, *Cosel.*
Marchal, Ernest, Paris (St-Martin, 21), 15e ligne gastrite. † le 31 Octobre *Glogau.*
Moignet, Ives, 34e ligne, anémie. † le 25 Octobre, *Wittenberg.*
Metton, Pierre, 53e ligne affection du cœur. † le 31 Octobre, *Neisse.*
Marfaing, François, 6e ligne sergent-fourrier, typhus. † le 29 Octobre, *Torgau.*
Monceau, Antoine 53e ligne, typhus. † le 30 Octobre, *Torgau.*
Maillard, Eug., Saumont (Seine-Inf.), 1er ligne, typhus. † le 31 Octobre, *Danzig*
Moutel, Henri, (Maine-et-Loire) 1er inf de marine, caporal, typhus † le 5 Novembre, *Glogau.*
Moran, François, 2e génie, typhus. † le 3 Novembre, *Erfurt.*
Minon, Joseph 18e ligne, typhus † le 24 Octobre, *Coblence.*
Mohamed-ben Hadj, Alger, 1er turcos, hémorrhagie. † le 6 Octobre, *Wesel.*
Martinet, Louis, Loubernard (Aisne), 94e ligne, typhus.   † le 29 Octobre, *Stettin.*
Margotten Michel, Antilly (Mayenne), 1er hussards, typhus.   † le 1er Novembre, *Stettin.*
Marchien, Robert, 47e ligne. Evacué sur *l'hopital de réserve, Schwetzingen.*
Mendrot, François, Vatan, 99e ligne.   do
Mohamed-ben-Hadj, 3e turcos.   do
Med-ben-Amar, Alger, 1er turcos.   do
Mourichel Gust., 100e ligne. *Hôpital de réserve, Ladonchamp.*
Muched-ben-Mohamed 2e turcos. *Hopital de la gare, Carlsruhe.*
Martinaggi Dom. Tarira (Corse) 18e ligne, sergent. *Hopital de la gare, Carlsruhe.*
Merle, J.-B , Charlu (H.-Vienne), 3e zouaves.   do
Manin, Félix, Aubénas, 3e zouaves.   do
Massomet, Fréd., Barro (Charente) 50e ligne, caporal   do
Marselli, Aug., St-Péray (Ardèche), 36e ligne.   do
Mèche, Jacques Toulouse 81e ligne. Evacué de *Carlsruhe à Rastadt.*

Morona, Paul, 11e artill. *Hôpital, Caserne 6, Sarrelouis.*
Mach, Léon, 81e ligne.   do
Martin, W., 88e ligne.   do
Margout, Gust.. 44e ligne.   do
Martin, Jules, 11e artill.   do
Marier, Jean, 7e chass. 4e c.   do
Maslou, Jean, 29e ligne, sergent.   do
Monnier, Edouard, Colmar, 12e ligne, fracture de la jambe gauche. † le 31 Août, *Ste- arie-aux-Chênes.*
Montgaillard, Jos., 73e ligne. † le 31 Août, *Ste-Marie-aux-Chênes.*
Monteil, 94e ligne, sergent coup de feu à la cuisse droite. † le 19 Septembre, *Ste-Marie-aux-Chênes.*
Munière Jos., Lorrain (Vosges), 99e ligne. *Hôpital de réserve Oels.*
Martin, Léopold, Salouse (Nord) ? ligne. *Hôpital de réserve 1, Leipzig.*
Metzger, Charles, Berenzwiller (H.-Rhin), 23e ligne. *Hôpital de réserve 1, Leipzig.*
Meras, Jean-Claude, Villefranche (Rhône) 68e ligne, bronchite. *Hôpital de réserve 1, Leipzig.*
Michallet, Jean-Marie, Putier (Aix), 3e grenad. de la garde.   do
Maurer, L.-M.-C., Chartres, 8e ligne.   do
Messin, Nicolas, Borny-les-Metz, 12e dragons, 4e esc., brigadier, coup de feu au bras. *Hôpital de rés. 1, Leipzig.*
Mouton, Eug.-Théod., (Guadeloupe), 1er grenad. de la garde, sergent. *Hôpital de réserve 1, Leipzig.*
Moreau, Jean, 73e ligne, coup de feu à l'épaule droite.   do
Méat, Prosper, 27e ligne. † le 24 Octobre, *Pont-à-Mousson.*
Martin, Gabriel, 70e ligne, musicien. *Ambulance, Pont-à-Mousson.* (Evacué).
Martin, Joseph, 94e ligne.   do   do
Malton, Henri, St-Plandine, 66e ligne, coup de feu à la cuisse gauche. † le 7 Septembre, *Neudorf.*
Marchand, Aug., Fontenelle (Rougemont), 66e ligne, coup de feu au genou et à la cuisse. † le 14 Oct. *Neudorf.*
Marchand, François, 12e sect. d'ouvriers d'administration. *Hôpital de réserve, Dessau.*
Merl.os, Romain, 9e chass. à p., 6e c. *Hôpital de réserve, Dessau.*
Mazuret, B., 87e ligne. *Hôpital de réserve, Dessau.*
Marcour, D., Dompierre (Nord), 7e artill., typhus. *Hôpital général, Mannheim.*
Mara-ben-Hamet, 1er turcos. *Ambulance 9, Rastadt.*
Millies, Bernard, Grandsalle, 45e ligne. *Ambulance 9, Rastadt.*
Maillefer, V., 2e zouaves.   do
Mouriette, Julien, Toulouse, 2e turcos, caporal. † le 24 Septembre, *Rastadt.*
Müller, Phil.. Winzenbach. † le 23 Octobre, *Rastadt.*
Marchand, Louis, Dinain, 18e ligne. *Hôpital des Varioliques, Rastadt.*
Mattei Jean, Caggia, 32e ligne, cap. *Hôpital de réserve 2, Leipzig.*
Mahi-eddin-Brahin, Saïda, 2e turcos, éclat de gren. au genou. *Dépôt des prisonniers, Dresden.*
Martiveny, Abel Fontenay, 1er artill., 12e batt., coup de feu à la jambe.   do
Merle, Louis Paris, 3e zouaves. *Ambulance, Rastadt.*
Mähn, Jean, Furtenheim, garde mobile. *Ambulance, Rastadt.*
Marx, Alphonse, Altenheim,   do   do
Marxer, Aloys, Reichshoffen   do   do
Michad, François, Bussière, 18e ligne.   do
Maier, Ignace, Neuhäusel, garde mobile,   do
Marx Guillaume, Mutzig,   do   do
Mustapha-Mohamed Oran, 3e turcos.   do
Momper, Jean, Niederbronn garde mobile.   do
Messieb, Hugues, Moissac, 34e ligne.   do
Morel Hippolyte, Vains, marine.   do
Munch E., Strasbourg garde mobile.   do
May, Louis, Surlenheim,   do   do
Müller, Charles, Wissembourg, garde mobile, caporal. *Ambulance, Rastadt.*
Mathis, Albert, Strasbourg, garde mobile. *Ambulance, Rastadt.*
Masile, Eug., 10e chass. *Hôpital, baraque 2, Berlin.*

Maillard, François, 30e chass. *Hopital, Baraque 2, Berlin.*

Meteyer, Jean, 1er ligne.　　　do

Müller, Martin, Dambach, 18e ligne. *Hopital de réserve, Schweidnitz.*

Maître, Jean-Bapt., 65e ligne, adjudant. Evacué de Sarrelouis à *Trèves.*

Mariensée, Gustave, 42e ligne. † le 8 Octobre, *Villeneuve-St-Georges.*

Mercier, Paul, 43e ligne. 7e *ambulance du 6e corps, Villeneuve-St-Georges.*

Moriceau, Joseph, Vincennes, 20e artill. *Hopital de réserve 2, Sachsenhausen.*

Morand, Cyrille, Montraux, 1er train.　　　do

Muller, Eug., 12e ligne. *Hopital civil Trèves.*

Messeant, Adolphe, Armentières (Nord), 76e ligne, coup de feu à la jambe droite. *Hopital de réserve 3, Leipzig.*

Malboo, Jean-Pierre, 66e ligne, caporal. Evacué de Hanovre sur *Minden.*

Mourtier, Henri, 81e ligne, sous-officier. 7e *ambulance du 6e corps, Villeneuve-St-Georges.*

Majar, Aug. b. des ingénieurs, 3e c. *Ambulance, Remilly.*

Michaud, François, 3e ligne, 2e b., 1e c. Guéri. dépôt des prisonniers, *Wittenberg.*

Medecet, Pierre, Beauvoisin, 28e ligne, *Hopital de réserve. Sorau.*

Montpier, Léon, garde mobile. † le 1er Novembre. *Villiers-le-Bel.*

Massigot Etienne, 91e ligne, 3e b., 4e c. *Hopital K.-Fr.-Caserne Berlin.*

Massicot, Pierre, 75e ligne, 2e b., 5e c.　　　do

Martareche, Victor, 10e ligne, 1er b., adjudant.　　　do

Mailhé, Jacq., 20e chass.. 2e c.　　　do

Maupin, Cyrille, 70e ligne, 2e b., 4e c.　　　do

Moutier, Jules, 57e ligne, 1er b.. 6e c.　　　do

Marie, Joseph 94e ligne, 2e b., 3e c.　　　do

Maubert, Claude, 9e chass., 3e c.　　　do

Margotton Jean-Marie, 90e ligne, 2e b., 4e c.　　　do

Montamat, Dominique. 2e train. 14e c.　　　do

Maximilien, Joseph, 1er artill., 2e b.　　　do

Marchive, Elie, 98e ligne, 3e b., 3e c.　　　do

Mottier, Victor, 19e ligne, 3e b., 2e c.　　　do

Morel, Alexandre. Gray, 9, pneumonie. *Hopital de réserve, Pasewalk.*

Maurel, Auguste, 1er train d'artill., 2e c. *Hôpital, K.-Fr.-Caserne, Berlin*

Maréchal, Jean, 91e ligne, 1er b., 6e c.　　　do

Mathurin, Nicolas, 43e ligne, 2e b., 1e c.　　　do

Mathieu, Joseph, 59e ligne, 2e b., 6e c.　　　do

Maison, Louis-Jos., 29e ligne, 1er b., 1e c., catarrhe pulmonaire. *Hopital de réserve, Wrietzen.*

Masson, Constantin, 67e ligne, caporal, rhumatisme. *Hopital de réserve, Oldenbourg.*

Marin, Louis, 4e artill.. 12e batt. *Hopital de réserve, Wrietzen.*

Maurice. Louis, 2e drag., 5e esc., catarrhe pulmonaire. *Hopital de réserve, Wrietzen.*

Machard, Ernest, 19e ligne, 1er b., 2e c., caporal, dyssenterie.　　　do

Menu, Pierre, 82e ligne fièvre. *Hopital de réserve, Oldenbourg.*

Muller, Aug., Strasbourg, franc-tireur. *Ambulance, Rastadt.*

Moulin, Jean-François, Carpentras, 2e ligne. *Hopital de réserve 2, Leipzig.*

Malié, Joseph, 99e ligne. *Hopital de réserve, Dessau.*

Megis, 1er ligne, coup de feu au dos. † le 21 Août, *Doncourt.*

Moreau, Jean-Claude, Côte-d'Or, 8e ligne, caporal. *Hopital de réserve 1, Leipzig.*

Müller. Eugène, 57e ligne, caporal. Evacué de *Leipzig* sur *Dresden.*

Mix, Apollinaire Cartillaux, garde mobile. *Hopital des Varioliques, Rastadt.*

Mougeot, Fortuné, garde mobile.　　　do

Mähn Jos., Ober-Schaffelsheim, garde mobile.　　　do

Müchler Jacq., Hördt, garde mobile,　　　do

Marès, Henri-Eug., 19e ligne, caporal. *Hôpital militaire, Berlin.*

Mercier, Etienne, 41e l'gne, clairon.　　　do

Merer, François, 51e ligne, *Hopital, Caserne 6, Sarrelouis.*

Moge, Antoine, 5e drag., 1er esc. .　　do

Mann, Aug., 4e drag., 5e esc., tromp.　　do

Meyer, Alexis, Bas-Rhin, 93e ligne, 3e b., 3e c , coup de feu au dos *Hopital de réserve, Spire.*
Morselle, Bernard, 3e train, 13e c. *Hopital Caserne 6, Sarrelouis.*
Monnet Louis, 12e ligne. *Hopital de réserve Halle.*
Morette, Paul, 15e ligne   do
Malot, Henri, 34e ligne.   do
Mazouand, Jean 34e ligne.   do
Meysssard, Paul, 2e ligne.   do
Mory, Jean, 2e ligne.   do
Meunier Théod -Jacq. 10e ligne.   do
Maghellen (de), Albert, 89e ligne. do
Malvecy, Clément, 93e ligne   do
Meynier, N., 37e ligne, cap. fourrier. do
Mo nery, Léonard, 46e ligne.   do
Molignet 58e ligne.   do
Martin, Hippolyte 58e ligne.   do
Maurel, Henri, 66e ligne,   do
Montaugu, Ernest 43e ligne. *Hopital, Caserne 6 Sarrelouis.*
Maître, Jean-Bapt , 65e ligne, adjudant   do
Mathui, Célest , 1er artill.   do
Mareuil, Jean-Bapt., 15e artill.   do
Mignot, Ernest 94e ligne. *Hopital de réserve Halle.*
Moine, Honoré, 99e ligne.   do
Magloire, H , 9e ligne.   do
Maté, Jean, 2e gren. de la garde. *Hopital, Caserne 6. Sarrelouis.*
Martin, Jules, 11e artill., 7e batt.   do
Mattet Bruno, 17e ligne. *Hôpital de réserve Oldenbourg.*
Moine, Jean-Bapt., 8e chass.,   do
Mohamed-ben-Fizaude, 1er turcos.   do
Mohamed-ben-Abust, ? *Hopital de réserve, Pasewalk.*
Miermont, Louis Clermont, ?   do
Martin, 3e ligne. Guéri, au dépôt des prisonniers *Oldenbourg.*
Michel François, ? abcès. *Hopital de réserve, Pasewalk.*
Marc François, Boysson, ? bronchite. *Hopital de réserve, Pasewalk.*
Mayson, Jos. ? dyssenterie.   do
Minon ? *Hôpital de réserve, Pasewalk.*
Méry, Aimable, ? Guéri et évacué sur *Stettin.*
Malbiau B., ? catarrhe. Guéri et évacué sur *Stettin.*
Mienville Charles, garde mobile, typhus. † le 8 Novembre, *Mayence*
Maury, Lyon 84e ligne, typhus. † le 8 Novembre, *Mayence.*
Morand, François, (Maine-et-Loire) 88e ligne, typhus. † le 7 Novembre, *Neisse.*
Monteil C , 31e ligne, dyssenterie. † le 29 Octobre, *Cologne.*
Marqué Jules, 31e ligne typhus. † le 2 Novembre, *Cologne.*
Matras, Eug. 8e artill , typhus. † le 8 Novembre. *Cologne.*
Mandit, Athanase (Nièvre), 2e chass. à p., petite-vérole. † le 11 Novembre, *Neisse.*
Morlat, Vincent, 4e ligne, typhus. † le 12 Novembre, *Torgau.*

Nicot Jean-Marie Arbaut (Aisne), 12e train d'artill., typhus. † le 28 Octobre, *Wesel.*
Naugresse, Flor , 12e artill., 8e batt., *6e Ambulance, Ladonchamp.*
Nuo, Léonard, Limoges, 3e zouaves. *Hopital de la gare, Carlsruhe.*
Naudet, 57e ligne, coup de feu à l'épine dorsale. † le 23 Août, *Doncourt.*
Neuguie, Jean, 73e ligne, coup de feu à la jambe gauche. † le 25 Octobre, *Doncourt.*
Neck, Georges, Wasselonne, 3e gren. de la garde. *Hôpital de réserve 1, Leipzig.*
Nittelbach, Emile, 20e artill., 5e batt. † le 11 Octobre, *Pont-à-Mousson.*
Namel, François, 17e chass. à pied, 2e c † le 17 Octobre.   do

Nayron, Pierre, St-Etienne, 3e zouaves. *Ambulance 9, Rastadt.*

Negraval (de), (Corrèze), 10e cuirass., cap. adj.-maj., rhumatismes. *Hopital de réserve 2, Leipzig.*
  (Evacué.)

Nenet, Pierre, Limoges 47e ligne. *Ambulance, Rastadt.*

Nicolas, François, Olurol, 3e zouaves. *Ambulance, Rastadt.*

Naillard, Eug.-Alfred, 17e artill. *Hopital militaire, Berlin.*

Niedeschler. Jacq., 18 chass.   do

Nicolé, Joseph, 7e ligne, sergent.   do

Neau, Benjamin 44e ligne *Hôpital, Caserne 6, Sarre'ouis.*

Noël, Casimir, Douai, 70e ligne, 1er b., 6e c., amputé de la jambe gauche. † le 6 Novembre, *Spire.*

Napoléon, Gust.-Jos., 90e ligne. *Hopital Caserne 6, Sarrelouis.*

Noël, Jean-Bapt., ? coup de feu à la main gauche, *Hopital de réserve, Pasewalk.*

Nesson, Jean, St-Victor. ? dyssenterie. † le 8 Novembre, *Pasewalk.*

Natand, Jean, ? catarrhe pulmonaire. *Hopital de réserve Pasewalk.*

Naudin, Aug., 72e ligne. Abcès à la jambe. *Hopital de réserve, Oldenbourg.*

Nilt, Ed., 22e ligne fièvre.   do

Niebecker, 7e artill , fièvre.   do

Noret, Jean-Bapt., Dieppe, ? *Hopital de réserve, Pasewalk.*

Nerac, Joseph, 47e ligne inflammation des intestins. † le 28 Octobre, *Cologne.*

Nigeou, Martial, 7e artill., typhus. † le 31 Octobre, *Cologne.*

Nonchalin, François, 73e ligne. *Hopital de réserve, Halle.*

Odoul, Théodore, Metz, 47e ligne, lieutenant. Evacué de *Carlsruhe à Rastadt.*

Oberdorf, Xavier, 4e artill. *Hopital Caserne 6, Sarrelouis.*

Ouesnot, Adolphe, St-Pierre (Calvados), 75e ligne, coup de feu à la cuisse droite. † le 27 Septembre,
  Ste-Marie-aux-Chénes.

Oswald, Jean 3e cuirass., coup de feu aux 2 cuisses. *Hôpital de réserve Lunebourg.*

Ott, François, Bischwiller, 87e ligne *Ambulance, Rastadt.*

Obermeier, Antoine, Sufflenheim garde mobile. *Ambulance, Rastadt.*

Orleanche Barth., 60e ligne. *Hôpital militaire, Berlin.*

Oben D., 61e ligne. *Hopital, Caserne 6, Sarrelouis.*

Obendorf, Xavier, 4e artill. *Hôpital, Caserne 6, Sarrelouis.*

Outer, Louis, 76e ligne, dyssenterie. † le 11 Novembre, *Mayence.*

Oufré Alcide 19e ligne. *Hopital militaire, Berlin.*

Oudin, Charles, 63e ligne. Evacué de *Hanovre sur Minden.*

Oziard, Léopold, Villers-sous-Boisseau, ? *Hôpital de réserve, Pasewalk.*

Philippe, Joseph, Inzendorf, garde mobile, caporal. *Ambulance, Rastadt.*

Poisson, Jules, Boulay (Loiret), 17e ligne, typhus. † le 31 Octobre, *Wesel.*

Péan, Gustave, 14e ligne, typhus. † le 26 Octobre, *Coblence.*

Platret, Jean, 58e ligne, typhus. † le 28 Octobre, *Coblence.*

Pasques, Jean, 18e ligne, fièvre gastrique. † le 28 Octobre, *Coblence.*

Peerland, Pierre Bernard, Christiansund (Norwége), garde mobile, apoplexie. † le 6 Nov., *Posen.*

Pinot Jacques, Ormes (Loiret), franc-tireur, écrasement. † le 31 Octobre, *Stettin.*

Point, Pierre, Tarare, 99e ligne *Hopital de la gare, Carlsruhe.*

Philippe, J.-B., Chenecey (Doubs), 56e ligne. *Hôpital de la gare, Carlsruhe.*

Porchet ou **Pourchet**, Paul, Montflovin (Doubs), 6e lanciers. *Hopital de la gare, Carlsruhe.*

Perout, Léon, 44e ligne. *Ambulance 6, Sarrelouis.*

Pramata Jean, 1er train.   do

Perrot Henri, Landesch, 24e ligne coup de feu au front *Ambulance, Butzow.* (Evacué sur *Stettin.*)

Pejon, Charles-Joseph, 40e ligne *Hôpital de réserve, Halle.*

Pagis, 20e chass., coup de feu au ventre. † le 21 Août, *Doncourt.*

Parleman, 2e hussards, coup d'arme blanche à la tête. † le 27 Août, *Doncourt*.

Potru, Arles, ? ligne. *Hopital de réserve 1, Leipzig*.

Peloux, Joseph, Aubagne, 2e grenad. de la garde. *Hopital de réserve 1, Leipzig*.

Pirat, Jos., Charnaux (Jura), 3e grenad. de la garde. *Hopital de réserve 1, Leipzig*.

Penaud, Jean, St-Magne (Gironde), 8e ligne.   do

Pimpel, Charles, Bainville (Toul), 5e chass. à cheval.   do

Poirier, Jean, Montboyer (Charente), 1er artill.,   do

Postissier, Jules, 61e ligne, typhus. *Lunebourg*, évacué sur *Hanovre*.

Picori, André, Krenes (Manche), 65e ligne, coup de feu à la poitrine. † le 26 Août, *Pont-à-Mousson*.

Pommier, Gabriel, 62e ligne. *Hôpital de réserve, Dessau*.

Place, Jacques, 8e ligne.   do

Piot, Armand, 2e train d'artill.   do

Payre, Jean-Marie, 83e ligne. *Hôpital de réserve, Halle*.

Peyrabon, Christophe, St-Georges, 3e ligne, caporal. *Hopital de réserve 2, Leipzig*.

Predanton, Léon, 68e ligne. Dépôt des prisonniers, *Dresden*.

Pialouse, Jacques, Biodem, 11e ligne. Dépôt des prisonniers, *Leipzig*.

Pons, Aug., St-Julien, 3e ligne. *Ambulance, Rastadt*.

Perdrix, Ernest, Paris, 18e ligne.   do

Pauquet, Charles, Bar-le-Duc, 8e sect. d'ouvriers. *Ambulance, Rastadt*.

Philippi, Jacques Lichtenberg, garde mobile   do

Peller, Pierre, 70e ligne. *Hôpital de réserve 2, Leipzig*.

Pommerais, Marie, Parpriac, 91e ligne, clairon, coup de feu à la jambe. Evacué, au dépôt des prisonniers, *Leipzig*.

Philippe, Louis, franc-tireur. *Hôpital militaire, Berlin*.

Papongé, François, 60e ligne.   do

Petit, J., Gien, 69e ligne. *Hôpital de réserve, Wurzen*.

Petrault, Louis, 17e artill., typhus. † le 11 Novembre, *Glogau*.

Patureau, Alexandre, 47e ligne, dyssenterie. † le 29 Octobre, *Cologne*.

Perron, Jos.-Charles, 11e artill. 12e batt. *Hôpital, Caserne 6, Sarrelouis*.

Pierre, Hubert, 44e ligne.   do

Parrin, Pierre, 90e ligne.   do

Pasteur, Joseph, 91e ligne.   do

Prochat, Pierre, 3e train, 13e c.   do

Pascalini, Valentin, 20e chass. à pied, 3e c. *Hôpital de réserve, Halle*.

Pallet, Paul, 21e ligne.   do

Prisse, Louis, 34e ligne.   do

Pellerin, 1er inf. de marine.   do

Petit, Alexandre, 1er inf. de marine.   do

Petit, Philibert, 10e ligne.   do

Piquet, Jean-Marie, 10e ligne.   do

Puffenay, Aug., 11e ligne, sergent-major,   do

Petit-Colas, Adrien, 75e ligne.   do

Petit, Louis, 34e ligne.   do

Polac, Benoist, 37e ligne.   do

Pellet, 40e ligne.   do

Paradis, Antoine, 45e ligne.   do

Prat, Hippolyte, 63e ligne.   do

Pical, A., 66e ligne.   do

Pristoni, M., 100e ligne. *Hôpital, Caserne 6, Sarrelouis*.

Puffer, Nicolas, 65e ligne. *Caserne 6, Sarrelouis*.

Philipert, Bernard, 70e ligne. *Caserne 6, Sarrelouis*.

Poisard, Charles, 63e ligne.   do

Perona, Léon, 44e ligne.   do   (Evacué sur *Trèves*).

Pramat, Jean, 1er train   do   do

Panelle, Victor-Pierre, 33e ligne.   do

Petit, J., 65e ligne,   do

Puech, Jacques, 28e ligne. *Hopital, Baraques 2, Berlin.*

Paysan Léon, 26e ligne.   do

Payreau Hippolyte, 94e ligne, coup de feu à la jambe. *Hôpital de réserve, Tilsit.*

Poulmier, Jules 42e ligne † le 8 Octobre, *Villeneuve-St-Georges.*

Poncin, Auguste, 90e ligne. † le 20 Octobre,   do

Petron, Jean-Bapt. franc-tireur, lieut. 7e *Am'ulance du 6e corps, Villeneuve St-Georges.*

Pierroux, Jean, Rohrbach, 4e ligne *Hôpital, civil, Trèves.*

Pui-Claret, Louis, 16e artill , pont. Evacué sur le dépôt des prisonniers, *Wittenberg*

Prétat, Jules, St-Bris (cant. Auxerre), chass. à pied, caporal. Evacué sur le dépôt des prisonn. *Leipzig.*

Perois, Jules, Boulogne-sur-Mer, 87e ligne.   do

Pierrat, Jean-B., garde mobile. † le 1er Novembre, *Villiers-le-Bel.*

Printemps, Emile-Louis, 32e ligne, lieutenant. *Hopital civil, Luneville.*

Poirier, Charles, 75e ligne. *Hopital, Caserne 6, Berlin.*

Perrey, Joseph-Léon, 7e artill., typhus. † le 1er Novembre, *Cologne.*

Picard, Eug., 2e hussards, 1er esc. *Hopital, Kaiser-Franz-Caserne, Berlin.*

Preston, Maurice, 28e ligne, 3e b. 2e c. sergent.   do

Piégut, Eug., 9e chass.   do

Pichard, Prosper, 70e ligne, 3e b., 6e c., caporal.   do

Poll, D., 37e ligne, 2e b., 6e c.   do

Poiron, Pierre, 75e ligne.   do

Perrin, Aimé, 75e ligne, 1er b., 5e c.   do

Paret, Ch , 91e ligne, 2e b., 6e c.   do

Perot, François, 43e ligne, 2e b., 4e c.   do

Perrin, Benoît, 7e cuirass.   do

Piteu, Ernest, 2e chass., 2e c.   do

Pigneret, Aug., 7e cuirass , 2e esc.   do

Peyrolle, Victor-Prudent, 33e ligne, 2e b., 5e c., sergent. *Hopital, K.-Fr.-Caserne, Berlin.*

Picard, Constant, 57e ligne, 1er b., 1e c.   do

Pirot Emile, 1er train 6e c.   do

Poitou, Louis, 10e cuiras., 5e esc.   do

Poinbeuf, Alph., Chalemont, ?. Guéri et évacué sur *Stettin.*

Pointeau, François, St-Imbert, ?, ?. *Hopital de réserve, Pasewalk.*

Pigeau, Victor, St-Martin, ?.   do

Plantard, Pierre-Marie, 65e ligne, 3e b , 4e c. *Hopital, K.-Fr.-Caserne, Berlin.*

Pelletier, Jean Bapt., 43e ligne, 2e b., 6e c.   do

Peyron, Nicolas 20e chass., 4e c.   do

Prigent, 44e ligne. *Hôpital de réserve, Wrietzen.*

Perault, Léon, 44e ligne.   do

Pomme, Joseph 22e ligne. *Hopital de réserve, Oldenbourg.*

Potel, Albert, 2e inf de marine.   do

Poitier, Pierre, 91e ligne. Guéri au dépôt des prisonniers, *Oldenbourg.*

Pasquier, 79e ligne.   do

Pochet, Jacques génie, caporal. Guéri et évacué sur *Lingen.*

Poinseler, Louis, 82e ligne. caporal. *Hopital de réserve, Oldenbourg.*

Paquier, Alfred, 7e artill.   de

Pinson, François, 8e ligne.   do

Pontet, Laurent, 72e ligne.   do

Pholz, Pierre, garde mobile, typhus.   do

Pierrel Emile 83e ligne.   do

Prat, Jean, ?. Guéri et évacué sur *Stettin.*

Philippe, Adolphe, ?. *Hôpital de réserve, Pasewalk.*

Petu David, Moulins ?.   do

Pouchol, Baptiste, ?.   do

Pasquier, S., ?. † le 10 Octobre, *Pasewalk.*

Pique, Eug , 94e ligne, typhus. † le 2 Novembre *Minden.*

Poinsignon, Jean, 61e ligne, caporal typhus. † le 11 Novembre, *Mayence.*

Poliguen, Ives Guingamp, blessé. *Hopital de réserve, Pasewalk.*

Quéra, Guill.-Franç. Alençon, 4e cuirass., sergent. *Hôpital de réserve, Leipzig.*
Quessondier, Henri, 4e ligne. *Hopital de réserve 1, Dessau.*
Quesné, Jules-Alex , 13e artill., 9e batt. *Hôpital, Caserne 6, Sarrelouis.*
Queniret, Louis, ? † le 1er Oct., *Villeneuve-St-Georges.*

Rouzade, Jean, Eyvignes (Dordogne), 3e garde, caporal, typhus. † le 30 Octobre, *Posen.*
Rouxelle François, 34e ligne, fièvre gastrique. † le 21 Octobre, *Wittenberg.*
Reveille, Jean-B.. Fouillouse (Loire), 18e ligne, dyssenterie. † le 2 Novembre, *Posen.*
Rigaud, Jos., Mérindol (Drôme), 96e ligne, typhus. † le 4 Novembre. *Wesel.*
Rosaire, Lucien, 1er génie, lieutenant, inflammation du bas ventre. † le 30 Octobre, *Erfurt.*
Rebichon, Emile. Mitzuch (B.-Rh.), 4e cuirass. typhus. † le 2 Novembre, *Neisse.*
Raulet, Pierre, Varennes (H.-Marne), 50e ligne, typhus. † le 1er Novembre, *Stettin.*
Reylles, Jos., 100e ligne. *6e ambulance du 10e corps, Ladonchamp.*
Rousselle, Martin, Ouilles (Seine-et-Oise), 1er zouaves. *Hôpital de la gare, Carlsruhe.*
Roussel, Maxim., Mont-Boubere (Somme), 4e chass. à pied, coup de feu au bras gauche. *Ambulance, St–Hilaire.*
Russe, Marcelin, 93e ligne. *Hopital de réserve, Oppeln.*
Renoult, Adam. 44e ligne. *Hôpital, Caserne 6, Sarrelouis.*
Rochard Alph., 75e ligne, coup de feu à l'épaule droite. † le 24 Août, *Ste-Marie-aux-Chênes.*
Renandi, Pierre, (Corrèze), 91e ligne, éclat de grenade à la cuisse gauche. † le 25 Août. *Ste-Marie-aux-Chênes.*
Roi, Jacq., 94e ligne, coup de feu à la hanche droite † le 3 Septembre, *Ste-Marie-aux-Chênes.*
Radier, Pierre, (Aveyron), 94e ligne, caporal, coup de feu à la cuisse. † le 27 Septembre, *Ste-Marie-aux-Chênes.*
Roquebert, 1er ligne, sergent, coup de feu à la tête. † le 21 Août, *Doncourt.*
Rouillet, 4e ligne, coup de feu à l'épine dorsale. † le 30 Août, *Doncourt.*
Reylard. 4e ligne, coup de feu à la mâchoire. † le 31 Août, *Doncourt.*
Rivet, Louis, Sarnes (Vaucluse), 1er artill.. *Hôpital de réserve, 1, Leipzig.*
Roche, Victor-Aimé, (Jura), 66e ligne. *Hôpital de réserve 1, Leipzig.*
Richard, Pierre-Henri, Brevoine (H.-Marne), 68e ligne. caporal. Guéri, en *Caserne, Leipzig.*
Roblin, Bernard, Champignolles (Aube), 8e ligne typhus. *Hôpital de réserve 1, Leipzig.*
Rointru, Louis, Viery-le-Rayé (Loir-et-Cher), 12e dragons.　　do
Renoux, Martial, Guisigny (Nord), 9e artill. contusion à la tête.　　do
Robert, Henri, Audincourt, 8e ligne, typhus.　　do
Raynier, Jacques, 72e ligne. *Ambulance, Pont-à-Mousson* (Evacué).
Rivoire, Joseph, 53e ligne. *Hopital de réserve, Dessau.*
Rigault, Louis, 1er lanciers, 1er esc. *Hôpital de réserve, Dessau.*
Raquin, Claude, 10e artill., 10e batt. *Hôpital de réserve, Dessau.*
Reomar, Jos., 87e ligne. *Hôpital de réserve, Dessau.*
Ravaud, Alphonse, Isle-de-France, 7e chass. à p., 2e c., coup de feu au pied g. *Hopital 6, Mannheim.*
Rayon, Eug., (Isère), 93e ligne, 3e b., 3e c. *Hôpital de l'arsenal. Mannheim.*
Raymond, Jacques, Vernazelles, 36e ligne. *Ambulance, Rastadt.*
Reeb Henri, Bischdorf, garde mobile.　　do
Roth, Jean, Ekwersheim, 18e ligne. *Hôpital des Varioliques, Rastadt.*
Rohé, Martin, Oberhofen, garde mobile.　　do
Rouvière, Jos.-Casimir, Prunet, 3e train, 14e c.　do
Richard, François, 9e cuirass., maréchal-des-logis. *Ambulance, Rastadt.*
Reme ou **Reine**, Louis, Bonsay, 9e artill.　　do
Ramstein, Louis, Andlau, 5e artill. *Ambulance, Rastadt.*
Ruscher, Henri, garde mobile. *Ambulance , Rastadt.*

Reisser, Florent, Thalheim, garde mobile. *Ambulance, Rastadt.*
Riff, Jacob, Dunzenheim,   do   do
Roos, Elie, Busswiller   do   do
Riehl, Gustave,   do   do
Ramasse, Jules, Lunéville   do   do
Rock, Gustave, Molsheim,   do   do
Rödel, Joseph, Gersdorf,   do   do
Röder, Aug., Strasbourg,   do   do
Ruch, Georges Inzendorf   do   do
Roger, Marie, Reclandier, 12e inf., sous-officier, coup de feu à la jambe gauche. Evacué de *Leipzig sur Dresden.*
Roth, Georg, Eckwersheim, garde mobile. *Hôpital des Varioliques, Rastadt.*
Reinberger, Jacob, Roberswiller, garde mobile. *Hôpital des Varioliques, Rastadt.*
Reinhard, Ludwig. Wörth,   do   do
Rommel, Jean, Kléebourg,   do   do
Rosignon, Paul, 71e ligne. *Hôpital militaire, Berlin.*
Roulix, Léonard, 29e ligne, adjudant. *Hôpital Caserne 6, Sarrelouis.*
Renaux, Jean, Grandchamps (Nièvre), 12e ligne, 8e b., 2e c., coup de feu au bras gauche. *Hôpital de réserve, Spire.*
Raban Gustave, 3e train, 13e c. *Hôpital Caserne 6, Sarrelouis.*
Rochet, Louis, 81e ligne,   do
Rustaing, Jean, 34e ligne, *Hôpital de réserve, Halle.*
Roger, Geoffroy, 2e zouaves.   do
Rouchon-Mazerat, Xavier, 2e zouaves, sergent. *Hôpital de réserve, Halle.*
Rosseau Joseph, 2e chass., 3e esc.   do
Ranval, Joseph, 9e ligne.   do
Rousseau, Augustin, 9e ligne.   do
Rochard, Emile, 10e ligne.   do
Rollin, François, 75e ligne.   do
Reboutet, Auguste, 84e ligne.   do
Raymann, N., 84e ligne.   do
Rotsch, Emile, 91e ligne.   do
Rochet, Aug., 93e ligne.   do
Raymond, François, 37e ligne.   do
Royer, Joseph, 73e ligne.   do
Roux, Louis 57e ligne.   do
Raymond Jules 68e ligne.   do
Ristoritchy, Félix, 41e ligne. *Hôpital Caserne 6, Sarrelouis.*
Royé, Jean, 13e ligne.   do
Renaud, Athan., 44e ligne. Evacué de *Sarrelouis à Trèves.*
Rochet Louis, 81e ligne caporal. *Hôpital, Caserne 6, Sarrelouis.*
Roche, Régis, 62e ligne. † le 1er Novembre. *Trèves.*
Russier, Max., 4e chass. à p. *Hôpital, baraque 2, Berlin.*
Rosenstiehl, Gustave, Saiffenweyersheim, 12e ligne ophthalmie. *Hôpital de réserve, Schweidnitz.*
Romtegre, Mathieu, Le Puy, 75e ligne. *Hôpital de réserve 2, Francf.-s/M.*
Reynaud, Laurent-Blaise, 10e ligne. † le 1er Novembre, *Trèves.*
Robert, Charles, 8e ligne. Evacué de Hanovre à *Minden.*
Richard, Gustave, 100e ligne.   do
Rage Joseph, 90e ligne. 7e *Ambulance du 6e corps, Villeneuve-St-Georges.* (Evacué.)
Raveau, Louis, 18e ligne, 3e b. 2e c. Evacué de Mersebourg à *Wittenberg.*
Remieux, Etienne 7e lanciers, varicocèle. *Hôpital de réserve 1, Leipzig.*
Racine, Frédéric, 6e artill. *Hôpital de réserve, Potsdam.*
Raimond, Etienne, 72e ligne, 3e b, 2e c., typhus. *Ambulance, Nancy.*
Rothhacker Michel, 3e drag., 2e esc. *Hôpital, K.-Fr.-Caserne, Berlin.*
Rousseau, André, 10e ligne, 3e b., 6e c.   do

Raffier, Mathieu, 15e ligne 3e b., 3e c *Hopital, K.-Fr.-Caser. e, Berlin.*

Rousset, Etienne 43e ligne, 1er b., 4e c.   do

Rendu, Aug ?, coup de feu à la cuisse gauche. *Hopital de réserve, Pasewalk.*

Rogé Jean, 91e ligne, 2e b., 4e c. *Höp tal, K.-Fr.-Caserne, Berlin.*

Regnier, Jean, 43e ligne, c. hors r.   do

Rogé, Aug., 13e ligne, musicien.   do

Rimbaut, François 6e ligne, 3e b., 3e c.   do

Roucinel Théodore, 57e ligne. 1er b , 4e c.   do

Ranon, D , 75e ligne, 2e b., 5e c.   do

Reymond, Jacq. 20e chass.   do

Retière, Aug., 100e ligne, catarrhe pulmonaire *Hopital de réserve, Wrietzen-a. 'O.*

Ruet Henri 8e artill., 8e batt.   do

Roualt, Théoph., 7e ligne, 3e b , 2e c., catarrhe pulmonaire. do

Reignier, Emile, 7e ligne, 3e b., 6e c., dyssenterie.   do

Rolland, A. 97e ligne. *Hopital de réserve, Oldenbourg.*

Rougelet, Claude, 11e artill , 9e batt. *Hopital de réserve, Wrietzen-a /O.*

Rabeau, Gust. 3e train, brig., rhumatisme.   do

Renard François, do catarrhe pulmonaire.   do

Roulaud, 57e ligne,   do   Guéri, *dépôt des prisonniers, Old nbourg.*

Roche, Isidore 56e ligne,   do   *Hopital de réserve, Oldenbourg.*

Remy, François, 2e génie,   do

Renneau, Jean-Georges, 72e ligne.   do

Renny Carlos, Cognac, ?, typhus. *Hopital de réserve, Pasewalk.*

Roger Joseph ?, hydropisie. *Hopital de réserve, Pasewalk.*

Rey, 83e ligne Evacué sur le dépôt des prisonniers, *Oldenbourg.*

Rondel, François Hauteville, typhus. *Hôpital de réserve, Posewalk.*

Roux, Pierre, 79e ligne typhus. † le 31 Octobre, *Minden.*

Robeau Nicolas, 27e ligne. † le 4 Novembre *Erfurt.*

Raoul Félix, 33e ligne, typhus. † le 26 Octobre, *Cologne.*

Revier Michel, 16e chass , typhus. † le 27 Octobre, *Cologne.*

Rafalli, Jacques-Philippe, 27e ligne, rupture d'anévrisme. † le 30 Octobre, *Cologne.*

Rosset, Louis, 47e ligne, phthisie. † le 4 Novembre,   do

Rohaut, Désiré 79e ligne pneumonie. † le 7 Novembre, *Danzig.*

Stummin Jean, civil, dyssenterie. † le 3 Novembre, *Mayence.*

Saguet, Simon Bergence (Nièvre), garde mobile, petite vérole. † le 2 Novembre, *Posen.*

Simon Jules-M., 20e artill., typhus. † le 2 Novembre, *Torgau.*

Servais, Emile, 5e artill., paralysie des poumons. † le 24 Octobre, *Coblence.*

Serrière, Louis, Vallon, 56e ligne. *Hopital de réserve, Schwetzingen.*

Saharem-Anos, Alger, 1er turcos, coup de feu à la poitrine *Hopital de réserve, Schwetzingen.*

Schmidt, Alph., 15e artill. *6e Ambulance, Ladonchamp.*

Schaup, Ulric, 57e ligne.   do

Segand, J.-M., Loire-Inf. 3e ligne *Hopital de réserve, Carlsruhe.*

Sabéron, Pierre, Deux-Sèvres, garde mobile. Evacué de Carlsruhe à *Rastadt.*

Servoingt, 12e ligne, sous-lieutenant coup de feu à la poitrine. *2e ambulance du 3e corps, Doncourt.*

Souin de la Savigne Paris, 14e b. garde mobile, coup de feu à la tête. † le 20 Octobre, *Dammartin.*

Stephan, Adam, Wissembourg, 84e ligne. *Hopital de réserve, Bernau.*

Salomo, Eug., 44e ligne, adjudant. *Hopital, Caserne 6, Sarrelouis.*

Sauvage, Aug., Labastide (Landes), 28e ligne, coup de feu au genou droit † le 7 Septembre, *Ste-Marie aux-Chênes.*

Savigny, Célestin, Louisinon 75e ligne, coup de feu au genou gauche. † le 13 Septembre, *Ste-Marie-aux-Chênes.*

Seytre, 15e artill , 12e batt. éclat de grenade à la joue. † le 26 Août, *Doncourt.*

Siegler, Jean, Mulhouse, 8e ligne *Hopital de réserve 1 Leipzig.*

Soutira, Jean St-Pré (Hte-Vienne), 29e ligne, coup de feu à la main d. *Hopital de réserve 1. Leipzig.*

Signol, Claude, St-Georges, 3e train.   do

.**Stenger**, Jean, 82e ligne, caporal. *Ambulance, Pont-à-Mousson. Evacué.*

Salvignan Bernard, 5e ligne.   .   do

.**Souchet**, Aug., 17e ligne.   do

Sicard, Vict rien, Breuillet, 73e ligne, coup de feu au genou et à la jambe. † le 3 Oct., *Pont-à-Mousson.*

Sabadieu Antoine Cette, 50e ligne, 1er b., 6e c., coup de feu à la cuisse gauche. *Hopital 6, Mannheim.*

St-Baptiste, Ménarmont (Vosges) 33e chass., coup de feu à la jambe droite   do

Stüdle, Jean, Stosswehir, 78e ligne. *Ambulance, Rastadt.*

Schneider, Sébastien St-Roussant près Thiancourt gar le mobile. *Hopital Sorau*, évacué par *Hansdorf.*

Sanbin, Jacques, Savoie 28e ligne. *Hopital de réserve 2, Leipzig.*

Saym, B.-Pierre, 8e ligne.   do

Saïd-Muchir, Alger, turcos coup d'arme blanche au cou et au côté. Dépôt des prisonniers, *Dresden.*

Simard, Elie, Mont-le-Selière 2e hussards.   do

Stenger, Nicolas Strasbourg garde mobile. *Ambulance, Rastadt.*

Stephan, Georges, Niederbronn   do   do

Sponne, Hubert,   do   do

Schulz, Théobald, Dorlisheim,   do   do

Stähly, Laurent Gottenhausen,   do   caporal do

Stoltz, Jean Inzendorf garde mobile.   *Ambulance Rasta 't.*

Souberi, Michel, Marlenheim, franc-tireur.   do

Souter, Chrétien, Batzendorf, garde mobile.   do

Schmidt, Georges, Rothbach,   do   do

Speckel, Charles Strasbourg.   do   do

Schlechter, Georges, Auenheim   do   do

Schneider, Louis, Schönburg.   do   do

Süss, François, Neuwiller,   do   do

Saboul, Antoni, 9e cuirass.   do

Schwartz Alexandre, St-Amarin, 16e artill., ponton. *Ambulance Rastadt.*

Santoine, Phil., Marson, 4e chass. à chev.   do

Schwab, Maurice, Hillmer, 13e chass. à p.   do

Schandel, François, Lobran, douanier.   do

Susino, S., Conca, 3e ligne. Evacué sur le dépôt des prisonniers, *Dresden.*

Strub, Jérôme, Oberndorf, garde mobile. *Hopital des Varioliques Rastadt.*

Schmitt, Jacq., Wangen,   do   do

Schmit, Emile Robertsau,   do   do

Sourdeau, Désiré 71e ligne. *Hôpital militaire, Berlin.*

Sulpar Arsène 9e ligne.   do

Simon, Jacq., 4e ligne, sergent. *Hopital, Caserne 6, Sarrelouis.*

Salmon Louis, Le Mans, 12e ligne, 2e b. 4e c., caporal, coup de feu au pied gauche. *Hopital de réserve Spire.*

Schulz, Joseph, 18e chass. *Hôpital, Caserne 6, Sarrelouis.*

Soletti, Louis, 19e chass., 3e c. *Hopital de réserve Halle.*

Strauel, François 20e artill 1re batt.   do

Steune, Pierre, 25e ligne.   do

Soulier, J ,   do   do

Sabatier, Louis, 26e ligne sergent-major. do

Sola, Pierre, 28e ligne.   do

Schouaren, Julien, 72e ligne.   do

Sure Emile, 75e ligne.   do

Sabourau, Louis, 90e ligne.   do

Souleil, Amand, 93e ligne.   do

Soulier Martin 91e ligne sergent.   do

Sinturet Antoine 93e ligne. *Hopital de réserve, Halle.*

Simon, Henri, 61e ligne,   do

Saudon, Pierre, 72e ligne.   do

Sabran, Pierre, 64e ligne. *Hopital, Caserne 6. Sarrelouis.*

Suchré Jean 90e ligne.   do   Evacué sur *Trèves.*

Sales, Bernard, 1er train.   do   do

Salomo, Eug., 44e ligne.   do   do

Simon Jacques, 4e ligne, sergent.   do   do

Stoffle, Bastien, Ebersbach, 2e lanciers 4e esc. *Hopital de réserve, Schweidnitz.* (Guéri.)

Sibillon, Théophile, 94e ligne. Evacué de *Hanovre* sur *Minden.*

Servière, Aug., 76e ligne caporal.   do

Sarel Ernest 42e ligne. 7e *Ambulance du 6e corps, Villeneuve, St-Georges.*

Sepval Antoine, 2e zouaves 3e b., 6e c. Evacué de Merschourg à *Wittenberg.*

Stiegrist, Georges, Sandhausen, 2e ligne sergent. Evacué de Bingen sur *Coblence.*

Schmidt, Baptiste Lavande, 47e ligne Caserne des pionniers *Darmstadt.*

Suillon, Georges Pincy ?   do

Stirnemann, Charles, Domfessel ?   do

Serière Louis, Vallon, 56e ligne. *Hopital de réserve, Schwetzingen.*

Sampie, Eug., 75e ligne, 2e b., 3e c. *Hôpital, K.-Fr.-Caserne, Berlin.*

Soulan, Bertrand, 9e chass.,   do

Saint-Martin Louis, 7e cuirass., 4e esc.   do

Souchon, Odillon, 4e ligne 1er b., 4e c.   do

Schmidt, Antoine 33e ligne, 2e b., 6e c.   do

Samson, François 25e ligne, 2e b., 1re c.   do

Seiler, Christian, 4e ligne. musicien.   do

Sigaud, Antoine, 20e chass., 6e c.   do

Saunier, Pierre, ? ophthalmie. *Hôpital de réserve, Pasewalk.*

Sommeret Narcisse 42e ligne, 1er b. 5e c. *Hopital, K.-Fr.-Caserne. Berlin.*

Sibille, Louis, 15e chass., 6e c., clairon. *Hôpital de réserve, Wrietzen a/O.*

Séger, 91e ligne, ophthalmie. Guéri, au dépôt des prisonniers. *Oldenbourg.*

Stofflet, Edouard, garde mobile rhumatismes, *Hopital de réserve, Oldenbourg.*

Speltz, François, La Montagne, ? s.-lieutenant. *Hôpital de réserve, Pasewalk.*

Sandral, Jos., Lavaur ? blessé. *Hôpital de réserve, Pasewalk.*

Soubeyran, Régis, ?   do

Scheer, Laurent Ob.-Schœffolsheim, 16e artill., dyssenterie. † le 10 Novembre. *Glogau.*

Sougeat, Léonard, 47e ligne, typhus. † le 5 Novembre, *Cologne.*

Schmitt, Michel, 20e artill. inflammation des entrailles. † le 10 Novembre, *Cologne.*

Said-ben-Hamet 1er turcos. *Hôpital de réserve Oldenbourg.*

Sirac, Pierre, St-Vincent (Gironde), 17e artill., 8e batt., coup de feu à la cuisse droite. *Hopital de rés.*
3, *Leipzig.*

Thiriat, Victor, 58e ligne, tambour, dyssenterie. † le 2 Novembre, *Spandau.*

Thomas, Simon, 1er lanciers, dyssenterie. † le 5 Novembre, *Mayence.*

Testan, J., 4e ligne. 6e *Ambulance du 10e corps. Ladonchamp.*

Thioulouse, J.-M., St-Sauveur (Loire), 45e ligne. *Hopital de la gare, Carlsruhe.*

Thomas, Mathurin, 70e ligne. 2e *Ambulance du 3e corps. Doncourt.*

Toutan, Isidor, Trouville (Normandie), 94e ligne, coup de feu au genou gauche. † le 30 Septembre, *Ste-Marie-aux-Chênes.*

Travier, Elie, 13e ligne, coup de feu à la cuisse droite. † le 6 Septembre, *Doncourt.*

Toutin, 73e ligne, coup de feu au genou. † le 29 Août, *Doncourt.*

Tanguy, Christ., Kernevel (Côtes-du-Nord), 64e ligne, typhus. † le 3 Novembre *Leipzig.*

Tesnière, J.-F.-L., Billey (Manche), 2e génie. *Hopital de réserve 1, Leipzig.*

Tellier, Dom., St-Pol (P.-de-Cal.), 8e ligne   do

Tapie, Jean, Degagnac (Lot), 8e ligne. *Hopital de réserve 1, Leipzig.*

Tison, Henri, Hordain (Nord), 1er train des équip.   do

Tachet, Léger-Adonis, Agemont (Vosges), 66e ligne.   do

Tichot, Pierre, 89e ligne. *Ambulance, Pont-à-Mousson.* (Evacué.)

Therol, Nestor Mattaincourt, 4e cuirass. *Ambulance, Rastadt.*

Temps Léon Pont St-Maixent 16e artill *Hopital des Varioliques, Rastadt.*

Thomann, Joseph, Saverne, garde mobile, sergent-major. *Ambulance, Rastadt.*

Thirion Léon, Lunéville, 29e ligne, sergent-major.   do

Telgris Philippe, sous-lieutenant. *Hopital de réserve 2 Leipzig.*

Thony Aug , Wissembourg, garde mobile, caporal. *Ambulance, Rastadt.*

Thierrot François, garde mobile. *Hopital des Varioliques, Rastadt.*

Touchant, Lucas,   do   do

Tringer, Louis, 51e ligne. *Hopital Caserne 6, Sarrelouis.*

Théonville, Bernard, 71e ligne, adjudant. *Hôpital, Caserne 6, Sarrelouis.*

Théonville François, 4e drag., 5e esc brigadier.   do

Tisson, Léon, 1er train 15e c.   do

Thomas, B., 75e ligne. *Hopital de réserve, Halle.*

Tellier, Alfred, 8e artil , 5e batt., col. *Hôpital, Caserne 6, Sarrelouis.*

Toulique, Jean-Marie, 19e ligne,   do

Tantius, Jean-Marie, 19e ligne.   do

Tablet Joseph 93e ligne, sergent. † le 7 Octobre, *Villeneuve-St-Georges.*

Thibaut, Adrien, 61e ligne. *Hopital de réserve, Géra.*

Tolmer, Const., 77e ligne. Evacué de Hanovre à *Minden.*

Terra, Auguste, 11e chass. à cheval, 5e esc. Evacué de Hanovre à *Minden.*

Trouja, François, 86e ligne, sergent-fourrier. † le 5 Octobre, *Villeneuve-St-Georges.*

Tailleur, Bernard, 42e ligne. † le 5 Octobre,   do

Theveniot, Jean, St-Seine, 1er inf. de marine. Guéri. Evacué sur *Glogau.*

Trillot, Alexandre, 9e chass , 2e c., sergent. *Hôpital, K.-Fr.-Caserne, Berlin.*

Tanghi Henri-Jean-Bapt., 13e ligne, 3e b , 1re c. *Hopital, K.-Fr.-Caserne, Berlin.*

Tissandier, François, 10e dragons, 1er esc.   do

Timmel, Xavier, 43e ligne, 3e b., 3e c.   do

Tricard, Louis, 43e ligne 3e b , 1re c.   do

Teixier, Léonard, 1er chass. d'Afrique. *Hopital de réserve, Wrietzen.*

Tripon, Antoine, 59e ligne.   do

Troumentin, 75e ligne, 3e b., 2e c.   do

Thomas Jean-Bapt , 82e ligne *Hôpital de réserve, Oldenbourg.*

Triblaut, Henri, 52e ligne.   do

Thomas, Edouard, 11e artill., 8e batt. *Hôpital de réserve, Wrietzen.*

Teulon, Antoine, 41e ligne.   do

Tuaut, 91e ligne. Guéri. au dépôt des prisonniers, *Oldenbourg.*

Tournier, François, Châlons ? *Hopital de réserve, Pasewalk.*

Turc, 17e ligne. typhus. † le 8 Novembre, *Minden.*

Tauzin Antoine, Nérac, 96e ligne typhus. † le 9 Novembre. *Neisse.*

Tuau, Louis-Albert, 31e ligne sergent-major, typhus. † le 30 Octobre, *Cologne.*

Trinque Antoine, 16e chass., typhus † le 8 Novembre, *Cologne.*

Thérion, Joseph, Beaumesnil (Meurthe), civil, dyssenterie. † le 11 Novembre, *Neisse.*

Unfer, Jacques, 33e ligne. *Hopital de réserve, Caserne 6, Sarrelouis.*

Ussord, Etienne, Saintoin (Sarthe), 47e ligne. Guéri, prisonnier de guerre, *Leipzig.*

Voidy, Emile, 5e cuiras., brigad., typhus. † le 1er Novembre. *Erfurt.*

Vendevalle, Léon, 91e ligne, caporal, coup de feu à la cuisse droite. 2e *Ambulance du 3e corps, Doncourt.*

Vinsau, Jean, 59e ligne. *Hôpital, Caserne 6, Sarrelouis.*

Vercaniot, Alphonse, 10e ligne, fracture de la cuisse gauche. † le 21 Août, *Ste-Marie-aux-Chênes.*

Voivré. Const.-Jean-Bapt., Marcy (Ardennes), 71e ligne, caporal, *Hôpital de réserve 1, Leipzig.*

Veillau, Jean, St-Symphorien (Saône-et-Loire), 68e ligne. Guéri, en *Caserne, Leipzig.*

Vivier, Bernard, Paris, 8e ligne. *Hôpital de réserve 1, Leipzig.*

Vigoureux, J.-F., (Doubs), 3e gren. de la garde., typhus. *Hôpital de réserve 1, Leipzig.*

Vincent. Frédéric, Lussas (Ardèche), 3e gren de la garde.   do

Vernet, Vincent, (H.-Rhin), 60e ligne.   do

Versé, Alexis, Blois, 54e ligne, coup de feu au bras gauche.   do

Valentin, Joseph, (H.-Alpes), 87e ligne, coup de feu à l'oreille.   do

Vuillemard, Alex., Belleville (Seine), flottille du Rhin, contusion au pied droit. *Hôpital de réserve, Dessau.*

Veray, Guillaume, 82e ligne. *Hôpital de réserve, Dessau.*

Vergnaud Noël, 34e ligne.   do

Vignaud, Jean, 34e ligne.   do

Vallée, Antoine, St-Denis, 19e artill. *Ambulance Rastadt.*

Villemure, Jean, Nazareth, 36e ligne. *Ambulance, Rastadt.*

Vors, Jean, Paulhac, 8e ligne. *Hôpital de réserve 2, Leipzig.*

Viguier, Pierre, Montpellier, 2e zouaves, sergent. *Ambulance, Rastadt.*

Vautrin, Henri, Kerkastel, garde mobile.   do

Väckel Jacques, Obersulzbach, 87e ligne.   do

Vital, François, St-Romain, 1er train.   do

Vignau, André, 31e ligne.   do

Valade, Antoine, 32e ligne.   do

Vaudrin, Nicolas, Areneville, garde mobile. *Hôpital des Varioliques, Rastadt.*

Villaume, Camille, St-Dié garde mobile. *Hôpital des Varioliques, Rastadt.*

Valois (Le), Jules, 60e ligne. *Hôpital militaire, Berlin.*

Vivier, Jean, 81e ligne. *Hôpital, Caserne 6, Sarrelouis.*

Velin, Isidore, 89e ligne. *Hôpital de réserve, Halle.*

Vila, Joseph, 89e ligne.   do

Volluet, Claude, 93e ligne.   do

Vidal, Pierre, 40e ligne.   do

Veltz, Joseph, 57e ligne.   do

Villoquaux, Jean-Bapt. 93e ligne.   do

Vincan, Jean, 59e ligne. *Hôpital, Caserne 6, Sarrelouis.*

Val Charles, 6e ligne.   do

Vaissière, Léon, Paris, 57e ligne, 1er b , 3e c., blessé au doigt. *Hôpital de réserve, Trèves.*

Victor, Antoine, garde mobile. *Hôpital baraque 2, Berlin.*

Vatier, Joseph, 23e ligne. *7e Ambulance, du 6e corps, Villeneuve St-Georges.*

Verbillat, Pierre, 47e ligne, 2e b., 1re c., sergent. *Evacué de Mersebourg à Wittenberg.*

Vieville, Abéilard, 21e ligne, 2e b., 2e c.   do

Ville, Henri, 13e ligne, coup de feu à la cuisse gauche *Hôpital de réserve 1, Cassel.*

Vechambre B.-J., 77e ligne, 2e b., 1re c. *Hôpital des frères, Trèves.*

Virmond, Michel, 43e ligne, caporal. *Hôpital K.-Fr.-Caserne, Berlin.*

Vantouse, Louis, 65e ligne, 2e b., 4e c. *Hôpital, K.-Fr Caserne, Berlin.*

Valder, Louis, 33e ligne, 1er b., 5e c., caporal.   do

Valot, Jul.-Emile, 11e chass. à p., 2e c. *Hôpital de réserve, Wrietzen a/O.*

Vautey, Nicolas,, 15e ligne, 3e b., 1re c.   do

Vion Louis-Jos., 81e ligne, 2e b., 6e c.   do

Vacherot, Antoine, Gilly-les-Citeaux (Côte-d'Or), 15e ligne. *Hôpital de réserve, Zerbst.*

Velté, Charles, 15e chass., 6e c. *Hôpital de réserve, Wrietzen a/O.*

Vaucher, Alfred-Jean 90e ligne, 2e b., 3e c. *Hôpital de réserve, Wrietzen a/O.*

Viomaire Théophile, 12e ligne, 1er b., 1re c., tambour. *Hôpital de réserve, Wrietzen a/O.*

Vidoux, Pierre, 62e ligne. *Hôpital de réserve, Oldenbourg.*

Voigre, Louis, 8e chass. à cheval.   do

Vichange, Jos., 17e ligne.   do

Valette, Edouard 12e ch ss. *H pital de rése ve, Oldenbourg.*
Valentin, Théoph., Fraize, ? *Hopital de réserve, Pasewalk.*

Wollsdorf, Victor, 10e artill., typhus. † le 29 Octobre, *Erfurt.*
Weber, Laurent, La Chambre (Moselle), garde mobile. *H pital de réserve 1, Leipzig.*
Weil Alexandre, Biesheim, franc-tireur. † le 5 Octobre, *Rastadt.*
Weil, Isidore Sulz, garde mobile. *Ambulance, Rastadt.*
Weber, Jacob, Wasselonne, garde mobile sergent. *Ambulance, Rastadt.*
Wuhlhuser, Albert Strasbourg, marine.   do
Weil, Jacob, Haguenau. garde mobile. *Hopital des Varioliques Rastadt.*
Wirga, Eugène, 41e lign , caporal. *Hôpital militaire, Berlin.*
Weimann, J-B.. 8e dragons, 5e esc. *Hopital, Caserne 6, Sarrelouis.*
Wutz, Const , 19e ligne.   do
Wacher, Eugène 13e ligne.   do
Wuty, Const., 19e ligne.   do   Evacué sur *Trèves.*
Wecklen, J., (Haut-Rhin), 29e ligne, coup de feu au cou et aux jambes. *Hopital de réserve, Trèves.*
Wentzel Pierre Rappenswiller, 2e lanciers, 1er esc , fièvre nerveuse. *Hopital de réserve Schweidnitz.*
Wiedmann, S., Magenheim, 93e ligne. Guéri, prisonnier de guerre à *Schweidnitz.*
Weber, Nicolas, 40e ligne.   do   do   à *Dantzig.*
Weil, Joseph, Rosheim, hussards. *Hopital de réserve Sorau.*
Wilhelm, Ludovic, 20e chass. à p.. 4e c. *Hôpital K-Fr.-Caserne, Berlin.*
Wagnier, A., 10e artill. *Hopital de réserve, Oldenbourg.*

Zeyle, 57e ligne coup de feu au genou,   † le 29 Août, *Doncourt.*
Zeer. Joseph, Meurthe, 79e ligne Guéri en caserne, *Leipzig.*
Zemb, Jean-Paul, Obersasheim, franc-tireur. † le 6 Octobre, *Rastadt.*
Zugmeier, Jos., Saverne, garde mobile. *Hôpital des Varioliques Rastadt.*
Zenner. Ambroise, 8e drag., 5e esc. *Hopital, Caserne 6, Sarrelouis.*
Zabé, Nicolas, 89e ligne, caporal. *Hopital de réserve, Halle.*
Zède, Charles 12e ligne capitaine blessé à la tête. *Hôpital de réserve, Tilsit.*
Zehnacker, François, 43e ligne, 3e b., 2e c. *Hopital, K.-Fr.-Caserne, Berlin.*

N° 2050 E 75e ligne. Tombé à *Ste-Marie-aux-Chênes.*
N° 2908 B, 94e ligne. † le 26 Août,   do

INDEX GÉOGRAPHIQUE

Nordhausen, Province de Saxe, Prusse.
Novéant, Meurthe.
Oberndorf, Wurtemberg.
Oberbetschdorf, Bas-Rhin.
Offenbach, près Landau, Bavière Rhénane.
Oels, Silésie, Prusse.
Oldenbourg, Duché d'Oldenbourg, Allemagne du Nord.
Oppeln, Silésie, Prusse.

Pange, Moselle.
Pont-à-Mousson, Meurthe.
Posen, Province de Posen, Prusse.
Potsdam, Province de Brandenbourg Prusse.

Quedlinbourg, près Magdebourg, Prusse.

Reichshoffen, Bas-Rhin.

Sachsenhausen, près Francfort-sur-le-Mein, Prusse.
Sarrelouis, Prusse Rhénane.
Ste-Marie-aux-Chênes, Moselle.
Schneidemuhl, Province de Posen Prusse.
Schwetzingen, Grand-Duché de Bade.
Schweidnitz, Province de Silésie, Prusse.
Seilerbahn, près Mannheim, Grand-Duché de Bade.
Sagau, Province de Silésie, Prusse.

Soultz-sous-forêts, Bas-Rhin.
Sommerfeld, Brandebourg, Prusse.
Sorau, Province de Brandebourg, Prusse.
Spandau, Province de Brandenbourg, Prusse.
Speyer ou **Spire,** Bavière Rhénane.
Stolpe, Province de Poméranie, Prusse.
St-Hilaire, Marne.
Stuttgart, Wurtemberg.
Stettin, Province de Poméranie, Prusse.

Thorn, Prusse orientale.
Torgau, Province de Saxe, Prusse.
Trèves, Prusse Rhénane.

Ueberrach, Bas-Rhin.

Weilbach, près Nassau, Allemagne du Nord.
Weinheim, Grand-Duché de Bade.
Wiesbaden, Allemagne du Nord.
Wissembourg, Bas-Rhin.
Wittenberg, Prusse.
Wœrth, Bas-Rhin.
Worms, Bavière Rhénane.
Wesel, Prusse Rhénane.
Walbourg, Bas-Rhin.
Wallerfangen, près Trèves, Prusse Rhénane.

Zittau, Saxe Royale.

AVIS IMPORTANT

Le *Comité international de secours aux blessés* reçoit les dons en argent destinés aux blessés et aux malades des deux armées. Il se charge aussi de la correspondance des prisonniers avec leur famille, ainsi que des envois d'argent à leur adresse.

Adresse : **M. Gustave MOYNIER, Président, Grand'Rue, 33, à Genève.**

Le Comité international a créé à Bâle une *Agence internationale* qui sert d'intermédiaire aux donateurs de tous pays pour la transmission des secours en *argent* et en *nature* destinés aux *blessés* et aux *malades des deux armées.*

Adresse : Rittergasse, 29, à Bâle.

Le Comité international de secours pour les prisonniers de guerre reçoit les secours en *argent* et en *nature* pour les *prisonniers français et allemands.*

Adresse : **Dr CHRIST-SOCIN, Kohlenberggasse, 24, à Bâle.**

Les listes de blessés sont publiées au fur et à mesure qu'elles ont été dressées par l'administration prussienne. Chacune d'elles mentionne, en particulier, les décès survenus parmi les hommes portés comme blessés sur les listes antérieures.

Elles se vendent au profit de l'œuvre du Comité international de secours.

Prix : 1 fr. 50 la première; 1 fr. les suivantes. Pour la France (rendues franco), 1 fr. 75 la première; 1 fr. 20 les suivantes, contre valeur en timbres-poste.

S'adresser à M. Georg, libraire à Bâle et à Genève.

GENÈVE. — IMPRIMERIE PFEFFER ET PUKY, RUE DU MONT-BLANC.